横山住雄

中世美濃遠山氏とその一族

岩田選書◉地域の中世20

岩田書院

はじめに

私は、歴史研究の道に入り、主に中世に的をしぼった昭和四十年代後半に、何故か美濃でも東端に在る恵那《えな》郡に心を引かれ、中世の基本史料を集め、ついにこれを『稿本恵那郡史料』(昭和四十七年)との名で自費出版をするに至った。恵那郡は美濃の東方にあった南信濃や南方の奥三河に接する山間の地である。特筆すべき産業もない平凡な地ではあったが、そこを支配した遠山氏に興味を抱いたのだった。

私に金銭的ゆとりが無い頃だったので、孔版で印刷まで自分で行い、表紙と製本のみを印刷屋さんに頼むという手法をとった。地元中学校の校長のご理解を得て、インクとワラ半紙持参で、夜間に作業することを繰り返した。今に思えばお恥ずかしい次第であるが、なつかしい思い出にもなっている。ただし、夏場に孔版切りをした部分は、高温のためロウがとけて目詰まりし、印刷がうまくいかなかったところもあり、読者にご迷惑をお掛けした部分もある。

さて、恵那郡といえば、鎌倉時代から室町時代にかけて遠山氏が活躍した場所である。昭和四十年代には、この遠山氏はまだ研究が尽されておらず、そのために私も『稿本恵那郡史料』を編纂したのだが、肝心な通史編は手がけることなく五十年近くが打ち過ぎてしまった。その間私は、花園大学の国際禅学研究所の論叢第六号(平成二十二年)に、「臨済宗五山派・美濃大円寺の興亡史」(本書第九章に「菩提寺の盛衰」と改題して掲載)を書き、遠山氏を禅宗史の面からも見ることができたので、この辺で通史として遠山氏をとらえてみたいと思った。

また、江戸時代の遠山氏といえば、北町奉行の遠山の金さんがよく知られている。遠山氏は元来加藤氏であり、鎌

岩村から望む雪の恵那山

倉時代に三家に分かれたが、そのまま江戸時代に大名となったのは苗木家だけである。しかし、これも厳密にいえば、必ずしも中世の遠山氏の血を引いていないかもしれない。その辺をつきとめることが必ずしもよいとは限らないので、玉虫色とせざるを得ない。ただ名跡を引きついでいることは間違いなく、源頼朝の時から明治維新まで続いた武家は、苗木遠山氏のほか、薩摩の島津氏、肥後の相良氏など数えるほどしかないといわれている。そうした希少性と共に、戦国時代には武田信玄・織田信長の両武将がここ恵那郡に密接にかかわったことは特筆に値する。本書では、この辺を特に念入りに述べていこうと思う。

また、従前に私が書いた遠山氏に関する論文を末尾に再掲させていただいた（第十章「中世末の苗木城と苗木氏の動向」『美文会報』二七〇・二七一・二七二・二七五号、美濃文化財研究会、平成三年。第十一章「天正期遠山佐渡守半左衛門父子の動向」『美文会報』四六八号、平成二十一年）。すでに多少古くなった面はあるが、誤植以外ほとんど手を入れずに掲載することをお断りする。

中世美濃遠山氏とその一族　目次

一　遠山氏の興亡

1　遠山氏研究と遠山系図

戦後の中世遠山氏の研究で、最も注目されるのは、「加藤遠山系図」の発見であった。これは昭和五十三年（一九七八）三月に、名古屋の蓬左文庫に収録されている「諸士系図」の中のこの系図を閲覧された網野善彦氏が、「加藤遠山系図について」（小川信編『中世古文書の世界』吉川弘文館、平成三年）と題して発表されたことにより、広く一般に知られるようになったものである。文中で蓬左文庫にある系図を掲げると共に、その成立等の分析を行っている。

そしてまた、名古屋市鶴舞中央図書館の明治末の筆写本（旧名古屋市史編纂の一環として収集・筆写されたもの）の中に、「遠山氏系譜、名古屋遠山彦四郎系譜、苗木遠山氏系譜、明智遠山氏系譜」という一冊がある（以下「遠山氏系譜」と略す）。このうち、鎌倉期から天正期の御坊丸（信長八男）までについては、かなり正確なものではないかと思っている。特に明智系では安芸守頼景までや、櫛原系の応永頃まで、あるいは岩村系の室町前期の持景までについては、前掲の「加藤遠山系図」とよく合致している。

家系図はどこでもよく見られるものであるが、江戸時代には系図師という職業があったくらいで、その家の先祖を古来の有名人に結びつけた偽系図も多く、信頼性のある系図はごく少ないといわれている。そうした中で、蓬左文庫の「加藤遠山系図」は、少なくとも室町時代中期の応仁・文明の乱前後に成立したものと考えられる良質のものである。そして、その主なところを活用した「遠山氏系譜」もまた良質と評価しうると思われる。

蓬左文庫「加藤遠山系図」

（　）は著者の記入

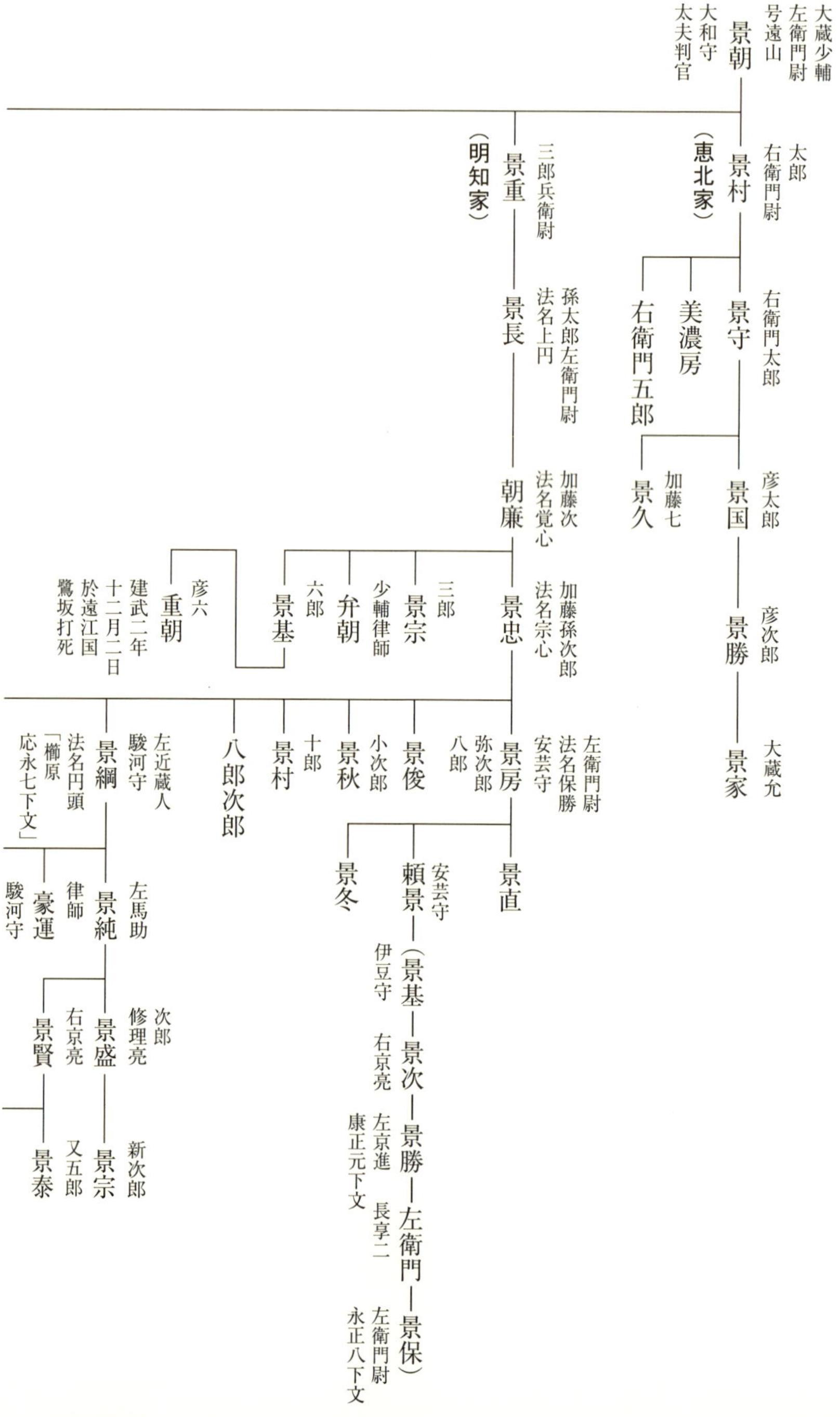

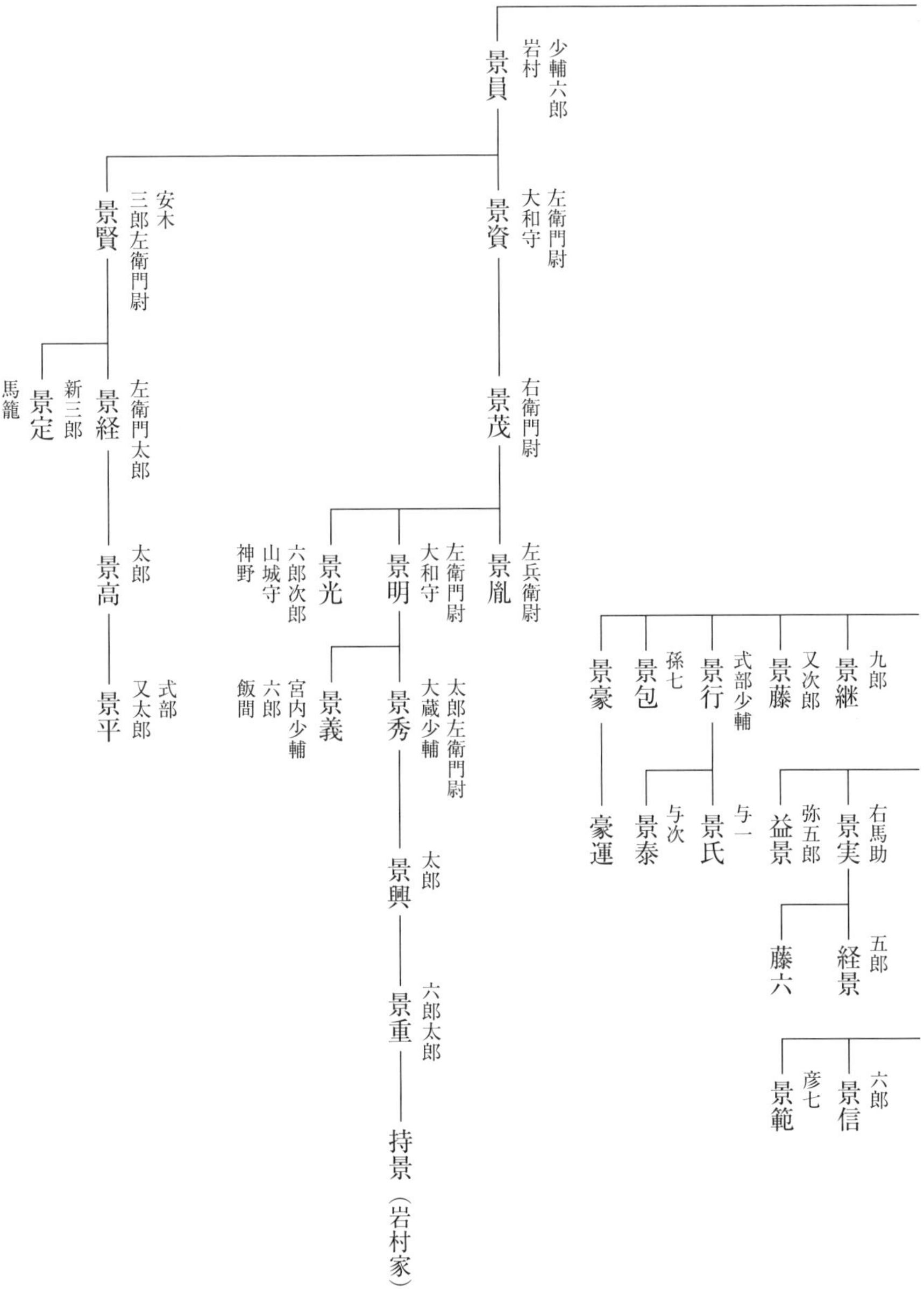
少輔六郎
岩村
景員
左衛門尉
大和守
景資
安木
三郎左衛門尉
景賢
右衛門尉
景茂
左衛門太郎
景経
新三郎
景定
馬籠
太郎
景高
式部
又太郎
景平
左兵衛尉
景胤
左衛門尉
大和守
景明
六郎次郎
山城守
神野
景光
太郎左衛門尉
大蔵少輔
景秀
宮内少輔
六郎
飯間
景義
太郎
景興
六郎太郎
景重
持景（岩村家）
九郎
景継
又次郎
景藤
式部少輔
景行
孫七
景包
景豪
与一
景氏
与次
景泰
豪運
右馬助
景実
弥五郎
益景
五郎
経景
藤六
六郎
景信
彦七
景範

2　遠山氏と番帳・奉公衆

恵那市の三宅唯美氏が、「室町幕府奉公衆遠山氏について」（『年報中世史研究』一七号、平成十四年）において遠山氏の奉公衆についての分析をしている。遠山氏に限らず、奉公衆は各国に蟠踞する地頭たちが、京都の将軍のもとへ子弟を派遣していたか、または本人が出仕していたもので、その家の総領の場合もあるし、嫡男や二、三男の場合もあるといった状況であろう。遠山氏から一〇人程度を出せとかいうように、氏族単位で主として若者が出仕したのではないかと思われる。『考証戦国武家事典』（新人物往来社、平成四年）によれば、「永享以来御番帳」にある番頭《ばんがしら》の氏名と所属の人数が挙げられている。

一番　細川左京亮　以下七十人
二番　桃井弥九郎　以下六十人
三番　畠山左馬助　以下五十人
四番　畠山中務少輔入道　以下六十一人
五番　大館上総入道　以下八十人
（『古事類苑』官位部）

そして、この中から節朔衆・詰衆・御部屋衆などが選ばれて勤仕する。たとえば走衆《はしりしゅう》の場合、名家からこの役に就いたといわれ、嘉吉元年（一四四一）将軍義教が赤松満祐の屋敷で殺された時、遠山市三郎が奮戦して死んだという（前掲『考証戦国武家事典』）。

このように、番帳に名が見えないから断絶したのではないかということではなくて、当番ではなく在郷していたので名を連ねていないということもあると思われる。

3 遠山氏系図

この系図では、遠山氏の祖とされる加藤次景廉が源頼朝から美濃国遠山荘地頭職を拝領して、その子景朝が遠山荘地頭職相続、三男景長が甲斐国の地頭職相続、二男景義の所領は不詳だが、四男尚景が伊豆国の地頭職を相続し、女子八人もそれぞれ所領を相続したことが書かれている。ここでは以下、遠山荘の景朝の子孫のみについて、すべてを掲げ参考に供することにする。

この系図について網野氏は、「恐らく櫛原遠山氏を中心に、遠山一族の結びつきを、加藤氏一門の広範な結合の中で明らかにするために作成されたもの」と推定しているが、その動機についてはわからないとする。系図中の（　）で示した部分は筆者が補足した分であり、また、景廉から十一代目以降記入が途切れていることになる。

本家の岩村遠山氏は、たしかに景廉から十代目までは記入されているが、八・九・十の三代についてはは簡素すぎるし、十代目は実名のみで通称が記入されていない。このように、網野氏がいうような、「櫛原氏が中心となって作成された」とは言い難いのではないか。むしろ、ここには掲げていないが、甲斐国・伊豆国流の加藤氏は、景廉から六代か七代までしか記入されていないものの、櫛原流や岩村流よりも詳しいという感じがする。十代目まで記入されていないのは、景朝の弟たちは結婚が遅い分それだけ代を重ねるのが遅れているのではないか。櫛原流・岩村流については、伊豆国・甲斐国流の加藤氏と婚姻等の交流があって詳しく聞き取ることができたのかもしれないと思われる。

4 「加藤遠山系図」への新判断

「加藤遠山系図」によれば、網野氏のいうとおり、遠山氏の本宗《ほんしゅう》は、景朝の二男景重にはじまる明知家であろう。

しかし、三男の景員も「岩村」と書かれていて、ほぼ同時に岩村に分家したことは間違いない。明知家から櫛原氏が出て、岩村家から安木《あぎ》・馬籠《まごめ》・神野《かみの》・飯間《いいばま》の各氏が分立していることからみると、明知家は恵那郡南半の南部、岩村家は南半の北部を所領としたと推定できる。そうすると、どうしても嫡男景村は恵那郡の木曽川以北を所領としたと考える必要がある。『蔭涼軒日録』の記事が正しいのではないかとの見解に達する。

そのような判断の上で、恵北家が滅亡に至った謎を推理してみると、恐らくは文明五年(一四七三)秋頃に、応仁の乱の東軍の一部である信濃の小笠原家長や木曽家豊らが恵那郡・土岐郡へ攻め込んだのが原因だったと思われる。両郡内の東山道筋を東軍は攻めのぼり、同年十一月中旬には西軍の大井・荻之島城が落城した。以来、恵那郡中部は小笠原氏の勢力下に入った(『瑞浪市史』歴史編)。これは天文の頃まで続いたといわれ、当然ながら西軍の土岐氏と共に戦った遠山氏、特に恵北家は滅亡せざるを得なかったと思われる。私が瑞浪市稲津町萩原の山中に在ったと推定している中世五山派の如意輪寺跡も、寺の伝承が全く途絶えてしまっているのと同じことのような気がする。

二　中世の遠山氏

1　岩村家初代景廉・二代景朝

名古屋市鶴舞中央図書館の「遠山氏系譜」には、景廉の欄の上部に朱書で「遠山氏曩祖《のうそ》」とあり、また景廉の右側に朱書で「岩村第一世」とある。その他の注記には、

初生伊勢国、与父到伊豆国住、
加藤次、左衛門尉、大夫判官、
検非違使、従五位下、法名覚蓮妙法、

とある。覚蓮という法名から見るに、禅宗的でなく日蓮宗か浄土宗または時宗に帰依して付与されたものであろう。またその行跡については、「遠山氏系譜」に、頼朝に仕え、勲功多く、治承年間（一一七七～八一）に山本兼隆を誅して以来、三代の将軍に忠勤し、これによって数箇の荘園を賜ったという、いわゆる、次の個所である。

美乃国遠山庄・小木蘇庄、遠州浅羽庄、豆州河津庄・狩野庄、上総国角田庄、備前国上鴨庄・下鴨庄、甲州大原庄・小松庄。相州鎌倉では車大路の宅地を賜った。建保七己卯正月廿八日薙髪し、承久三辛巳八月三日寅刻卒去。（朱書）「六十六」。

「東鑑」のみを引く『岩村町史』は、承久三年八月三日卒とし、時刻や年齢は書いていない。

景廉と遠山荘の関係については、次のような伝承があるので掲げる。

岩村町飯羽間《いいばま》（岩村市街の北二キロメートル）の山上《やまがみ》家は、鎌倉時代以来の旧家で、村を荒らす山賊を平定するため、当主が伊勢神宮に参籠し、その霊夢で加藤景廉と伊勢宇治橋で逢うことができた。遠山荘には特に山賊が多く村人が困っているのを聞き、当主に乞われて景廉が村へ来て、たちまち山賊を討ち、村人に推されて領主になったと寛延四年（一七五一）の『巌邑誌』に書かれている。景廉はこの年十八の青年であった。また『巌邑誌』には次のような説ものせているが、どこまでが真実かはわからない。

一説によると、桐の中将に安（娘）があった。大切に育てられ、中将と共に巌邑に住んでいた。これが尾張の鳴海宿の遊女となった。その傍らに草堂があった。中に観音仏が安置されていた。軒は傾き、直す人も無かった。遊女は父の為に朝夕参っていた。そのうち、天使を相模の北条氏が招いてその館に召し使った。その彩色を見て、不凡の心受についに彼女を侍らし、のち京へ帰る。生いたちを始めて聞いて、桐の中将の娘であることを知り、桐の中将の訴免を願い出た。天朝は桐の中将の罪を免じたという。かの観音仏は、今は鳴海の近くの笠覆寺の本尊になっている。中将は岩村に残って城を築いて居るが、加藤次（景廉）がこれだという。

景廉は、これらの荘園の地頭職を拝領したものの、現地には住まず、子の景朝や代官等を派遣して、自身は鎌倉の政務に明け暮れたようである。遠山を苗字としたのは、その子の景朝であった。そして岩村を名乗ったのは景朝の三男の景員であった。三宅唯美氏が「室町幕府奉公衆遠山氏について」（前掲）で、岩村遠山家歴代について比較的まとまった記述がされているのは『山岡町史』だと述べている。

さて、その『山岡町史』によれば、景廉の本領は伊豆か関東のいずれかで、遠山荘に居を構えることは無かったらしい。そして承久三年（一二二一）五月に起こった承久の乱では、美濃は西軍の上皇方に味方する者が多く、景廉の兄の光員も西軍に属した。景廉とその子景朝は、郡上《ぐじょう》郡の鷲見《すみ》氏とともに東軍（幕府方）に属した。当時景廉は死去の三ヶ月前のことで、鎌倉を動くことはなかったであろう。

【景朝】

「遠山氏系譜」は、景朝に「岩村二世」との朱書をしているが、岩村を名乗ったのは前述のようにその子景員である。「遠山氏系譜」の景朝の肩書きは、

遠山加藤太郎、左衛門尉、大和守、

大蔵少輔

である。また、次のようにある。

美濃国の恵那郡遠山庄に住し、乃《すなわ》ち遠山を称号とした。建仁三(一二〇三)癸亥九月、比企能員を誅す。承久三(一二二一)辛巳年、東山道を東軍の列将を帥い、同年一条宰相信能卿を預り、七月二日、遠山庄において首を梟《さら》す。建長五(一二五三)癸丑正月三日の供奉に参加した。

なお、これより前の文暦二年(一二三五)八月には、伊豆国狩野《かのう》荘の内牧郷地頭職をめぐって、景朝は弟の加藤七郎左衛門尉景義と相論となった。景義がいうには、当郷は、伯父の故加藤伊勢守光員の所領であったが、承久三年(一二二一)五月三十日に亡父景廉が拝領し、源頼朝の指示で景義の亡父(覚蓮)が領知していたものであるという。そして覚蓮が亡くなった今、景義に引き渡されるべきところ、景朝が横領を企てたものだと主張した。しかし、景朝が提出した二位家の遺書(政子の教書)が決め手となって、景朝の勝利に終った(『吾妻鏡』嘉禎元年〔一二三五〕八月二十一条)。『吾妻鏡』では、景朝の記事が建長八年(一二五六)正月で終っていることから、『山岡町史』は、この頃没したと推定している。

岩村家略系図

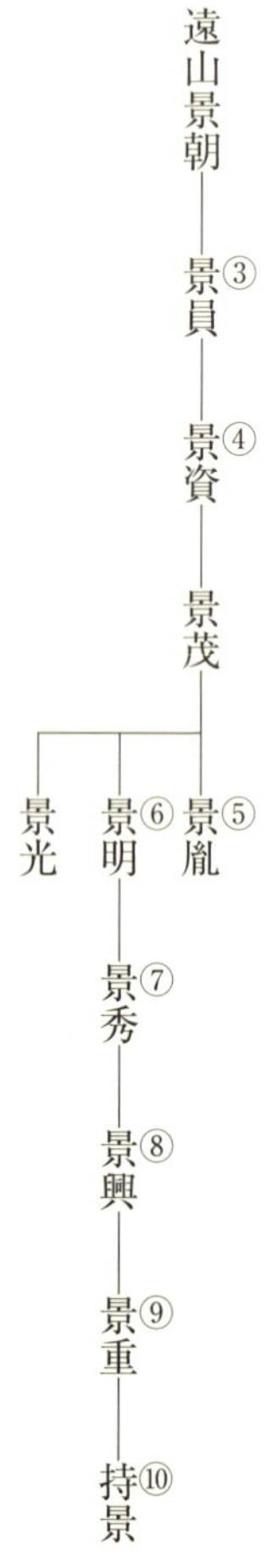

2 岩村三代遠山景員・四代景資

【景員】

「遠山氏系譜」では「岩村三世」と朱書があり、また遠山少輔六郎との注がある。この欄上には、次のようにある。

東鑑、弘長三年（一二六三）八月、将軍上洛随兵連名、遠山六郎トアリ、

【景資】

「遠山氏系譜」では「岩村四世」と朱書があり、また、

遠山左衛門尉、大和守

とある。また、「遠山氏系譜」には景資の弟に安木《あぎ》三郎左衛門尉景賢およびその子孫三代を掲げている。景茂が世代数に入らなかった理由は判然としない。比較的若くして、景資より早く亡くなったのであろうか。

3 岩村五代景胤・六代景明

【景胤】

岩村城二の丸付近

「遠山氏系譜」では「岩村五世」と朱書があり、次のようにある。

遠山左兵衛尉

【景明】

「遠山氏系譜」では「岩村六世」と朱書があり、景胤の弟で、

遠山左衛門尉、大和守

とある。またその弟景光に「神野」と朱書し、「遠山六郎二郎、山城守」とある。

観応二年（一三五一）九月に足利尊氏から次の感状を与えられた遠山左衛門尉は、景明に当るのではないか。

去十二日、八相山合戦之時、致忠節之候、神妙也、可有恩賞之状如件、

観応二年九月廿六日　（尊氏）（花押）

遠山加藤左衛門尉殿

（『稿本恵那郡史料』「古証文」）

『巌邑誌』は、岩村築城について、景廉説・景友説と次の三郎説の三説をあげており、三郎説は南北朝初期の景明時代に相当すると思われるので、その『巌邑誌』から掲げ

る。

岩村築城については諸説がある。城名は霧ヶ城である。「太平記別伝」を見ると延元二年（建武四年〔一三三七〕）に越前金が崎城が落ち新田義貞は生死不明となった。それで諸州の官兵らは気が緩み、美濃でも霧ヶ城の守将遠山三郎は城を棄てて遁れ去った。それで霧ヶ城は名高く、正しくは桐ヶ城という。また確たる史料はないが応仁二年（一四六八）築城ともいう。

また『巌邑誌』の中の「巌邑城記」によれば、

城は水昌峯の西にあり、高い峯を画して城楼台とし、門や垣根は断崖に沿い、坂道は急である。鬼岩軽石で要害をなす。一丈が守れば万丈の敬を迎えられる。霧が城と名づくは、山谷深いためだ。

と述べ、以下に名調子がつづられている。さらには、遠山氏が土岐氏に所属していたことから、城門の一つを土岐門と名づけていたことや、また城楼の一つに銅鐘があり、「濃州恵那郡遠山荘大井郷正家村武並大明神之鐘、天文七年戊戌七月十三日」の銘があったということも伝えている。

なお、南北朝時代の城主・景明の頃に、峰翁祖一を開山に招いて大円寺が開かれたとみられる。それまでは時宗か浄土宗に帰依してきた遠山氏が、禅宗に転宗したのである。

4 岩村七代景秀・八代景興

【景秀】

「遠山氏系譜」では「岩村七世」と朱書し、また「遠山太郎」とある。景秀の弟に景義をのせ、「飯門」と朱書しているが、「飯間」の誤りであろう。景義には「永享御番第三に入」とも注記している。

景義の上部欄外に、次の朱書がある。

> 飯間遠山祖、永享以来御番帳に、遠山飯間宮内少輔。長享元年九月十一日、常徳院殿江州御動坐在陣衆着到に、
> 濃州飯間孫三郎、

しかし、景秀を永享頃の人と見るには無理があり、三十年以上前の南北朝時代の人と見るべきだろう。

【景興】

「遠山氏系譜」には「岩村八世」と朱書してある。また「遠山太郎、イ遠山山(岩)村左衛門」とも注記している。南北朝末頃の人か。

5　岩村九代景重・十代持景

【景重】

「遠山氏系譜」には「岩村九世」と朱書し、また「遠山六郎太郎」との注記がある。景重は室町初期応永頃の人にあてたい。

【持景】

「遠山氏系譜」に「岩村十世」の朱書がある。そして「遠山、イ遠山加藤左衛門、寛正六年（一四六五）供奉衛府ノ内」との注記がある。

三宅唯美氏が「室町幕府奉公衆遠山氏について」（前掲）と題して発表したとおり、「文安番帳」では三番所属の遠山大和守（岩村）の名が見え、「長享番帳」では三番所属の遠山岩村が見える。なお「文安番帳」では二番所属の遠山明知大蔵少輔の名がみえ、苗木氏は「永享番帳」五番に遠山左京亮が登場している。「文安番帳」の遠山大和守や「長

享番帳」の遠山岩村などは、この持景に当るかもしれない。

岩村家略系図

遠山景重⑨―持景⑩―頼景⑪―景友⑫―景広⑬―景前⑭―景任⑮―信勝

6　岩村十一代頼景・十二代景友

【頼景】

「遠山氏系譜」には「岩村十一世」の朱書があり、「遠山、イ大蔵大輔、永正五年（一五〇八）岩村城内八幡棟札」との注記がある。名古屋市鶴舞中央図書館の「恵那郡沿革考」によって、この棟札墨書を次に掲げる。

奉造（営）絵（修）八幡宮　大檀那藤原頼景願主敬白
永正五年戊辰十一月二十八日
御代官近藤六郎左衛門重明
大工二郎右衛門

このように、頼景が城内の八幡神社を修造したことをみると、この頃、岩村城が拡張整備されたか、あるいは神社が別の場所から移転整備された可能性がある。

【景友】

「遠山氏系譜」に「岩村十二世」との朱書があり、「遠山加藤次」との注記および、
大永四年（一五二四）甲申二月四日没

法名　珠宝大禅定門

長享元年（一四八七）丁未江州御陣供奉

とある。また上部欄外に、

飯沼村子安観音由来記云、遠山安芸守頼景公息、文明十一己亥年（一四七九）誕生、左衛門尉景友

とある。これによれば、景友は満八歳で出陣し、満四十五歳で亡くなったことになる。大永四年二月四日とある卒去の月日は、同年七月二十五日と訂正を要する（景広の条）。なお、法名は珠宝大禅定門とあるが別人で、性翁見公大禅定門である。このことは、内閣本「明叔録」の遠山景前亡父・性翁見公大禅定門十三回忌法語（天文五年七月二十五日）でも確認できる。『巌邑誌』では、この景友が応仁二年（一四六八）に岩村城を築いたとする。寛延四年（一七五一）の『巌邑誌』に、次のような伝説を景廉のところにのせている。

これより先、公卿の桐の中将という人が、恵那郡に居り、一民家に入ろうとすると、狭くて入れなかった。それで主は格子戸の所に席を設けて座ったが、供すべき食皿も無い。食器に二箸を添えて出すのみであった。中将は思わず涙して、食べたつもりの形を手で描いて主人に見せた。あなたの衣器を飾って、子孫繁栄に努めよと。のち郡の人々は中将を郡主（岩村の村長）に推し、更に城を築いて桐の加藤司景友といわせ、遠山の祖となったと。その民家は今の山上の村長《むらおさ》西尾氏の先祖である。また今に至っても其の様を描いてその衣器と帳簿を飾る風習があるという。

7　岩村十三代景広

「遠山氏系譜」には景広に「岩村十三世」と朱書し、また「遠山大和守、本云、岩村旧記不記、此名苗木伝有此

名、故今記之」と注記がある。その子景前が天文五年（一五三六）七月二十五日に皇考（亡父）の左金吾（左衛門尉）性翁見公大禅定門十三回忌法要を、明叔慶浚を導師に招いて館で行った（内閣本「明叔録」）。父が亡くなったのは大永四年（一五二四）七月二十五日と判明するので、景広は景友とも名乗ったらしい。景広の子の景前による十三回忌の香語によれば、城を出て戦い、ついに戦死した（明叔慶浚等諸僧法語雑録、以下、「明叔録」禅と略す）。

8　岩村遠山景前の生涯

「遠山氏系譜」には「岩村十四世」と朱書があるが、実は十三世である。「遠山左衛門尉、法名景前院前左金吾景前宗護大禅定門、弘治二（一五五六）丙辰七月十三日」との注記がある。

景前は、父の景友を大永四年（一五二四）七月二十五日に亡くした。比較的若くして岩村城を相続した景前は、天文五年（一五三六）七月に亡父の十三回忌を執行した。そして、天文十一年十一月二十日には木曽川の北にそびえる笠木山の笠木山大権現の鐘に「領主　遠山左衛門尉　藤原景前」と刻ませた（笠木神社鐘銘・岐阜県安八町名森浄満寺旧鐘銘）。この天文の鐘銘を紹介する。

濃州加茂郡笠木山大権現新寄進、
本願　延友新右衛門尉　藤原景延、
領主　遠山左衛門尉　藤原景前、
天文十一稔壬寅十一月念日

また、景前は、信州伊那郡知久の坂西《ばんざい》氏と縁戚を結んだ。次の天文十七年閏七月の明叔書状写がある（「明叙録」禅）。

謹啓上、
解制無為、至祝至禱、水遠山長、一書而不呈寸誠、和尚定而厥意耶、去夏祖惟之下国耶、分寵遇於愚、不耐忱謝、剰以御吹嘘、府君侍之、以老宿之間、而伊那郡多寺住持式敦請其段千止々一遇、希有々々、雖然霞玉忻愧不欠、今発足左之右之、以慈憐誘引奉頼之無他、就中、拙也小旦遠山左金吾、伊那筑・坂西縁類、和与之義、以慈悲攸内謀略其人無別義相調者、猶以重々芳恩、委曲帷子可有演説之間不能詳、此旨奏達、誠惶誠恐敬白、
（天文十七）閏七月　　慶浚
（宛名欠く）

坂西氏と遠山氏の親戚関係はどのようなものだったであろうか。飯田市の開善寺にある「開善寺過去帳」によると、

有岳元賞禅定尼、坂西《ばんざい》兵庫介妻、東濃明知殿妹、名（戒名）は、
（天輔宗仁）天老が以前にこれを安んず。
七月十二日
号は拙（者）が安んず。

とある。つまり、知久の坂西兵庫介は、妻に明知遠山氏当主の妹を迎えていたらしい。七月十二日はこの妻の命日であった。天老とは、天輔宗仁和尚を指している。有岳は永禄か元亀の頃に亡くなったらしい。

景前は、一時期この坂西氏と不和であったが、仲直りをしたようである。また、遠く三河岡崎の松平氏とも縁類を結んだ（『岡崎市史』大樹寺文書。後述）。そして城内の八幡社の社頭を造立し直した。恐らくは社頭をしかるべき所へ移すなど城を改造したであろう。

景前の子息が三人いるが、まん中の武景を苗木家へ養子に出していたところ、天文二十一年六月に伊勢の海上で賊船に襲われて、武景が落命した（「明叔録」禅）。岩村の景前・景任父子立合のもとで、天文二十二、三年頃に希庵玄密が岩村大円寺への入寺開堂を果たした（「葛藤集」一二三丁）。また、天文二十二年の五月頃、景前のもとへ伊勢神宮の外宮から正遷宮用脚の願い書が至った（「外宮引付天文」）。景前は、いくらか拠出をした。

弘治元年（一五五五）になると、甲州の武田信玄の圧力が強まってきた。同年九月には甲州勢が乱入して、ついに景前は、信玄の軍門に降った。そして十一月には遠山氏が武田信玄のもとへ出仕した（名古屋絵ハガキ。温故会「天野良吉氏文書」）。続いて弘治二年正月には、大円寺に信玄の制札が立てられた（「明叔録」禅）。これには次のように述べられている。

夫人の人たるは未だ知り易からず。（中略）。太守（信玄）すでに師を出さんと欲す。太守は制簡を預け賜う。
兵卒の強奪を禁止して、吾が小刹（大円寺）をして泰山安んぜしむ。（中略）
弘治二季孟陬《（正月）》之月下澣日
大円野納玄密頓首

この年三月四日に景前は卒去した。

三　中世末期の遠山氏

1 遠山景前をめぐる三河と美濃

天文十年（一五四一）代は、岩村・明知・苗木の遠山三家に内部紛争などは無く、平穏であったと思われる。この間の明知家当主は、永正六年（一五〇九）生まれで元亀三年（一五七二）に卒去する遠山景行であった。景行の元服は仮に十三歳とすると大永元年（一五二一）頃である。妻は三州高橋郡（豊田市）の三宅氏から迎えた。景行の成人は享禄元年（一五二八）頃であるから、天文期に活躍した人と見ることができる。妻は永禄四年（一五六一）二月二十一日に亡くなっている。

尾張国勝幡《しょばた》の織田信秀が遠山氏にまで手を延ばせるようになるのは、少なくとも三河の安城を攻略した天文九年以降であろう。このことが、三宅氏を含む高橋郡の土豪たちに動揺を与え、さらには三宅氏が遠く岩村遠山氏と縁戚を結ぶに至る。三宅氏の娘が明知遠山氏の景行に嫁した時点では三宅氏と織田氏とはほとんど関係が無かったとしても、のちしばらくして信秀が手を延ばしたのであろう。

今川義元が高橋郡におけるこのような不穏な動きをキャッチしたのは、天文十八、九年頃と思われる。豊田市の篠原永源寺（現永沢寺）に義元が次のような禁制を出していることが、それを証明している。

朱印　制札　篠原永源寺

軍勢甲乙人《たれかれら》等山林竹木伐取、於濫妨狼藉之輩《やから》者、堅可加成敗者也、仍如件、

天文十九年五月九日

（『豊田市史』通史中世・写真）

一方、景前の政治的手腕は優れていたらしく、三河関係では、一族の明知遠山氏の景行の妻に、三河高橋郡広瀬の土豪三宅氏を迎え（前述）、また景前子息の妻（嫁）は、尾張の織田信秀の姉妹（信長の叔母）であった。

永禄元年（一五五八）三月の景前三回忌は、景前の未亡人が施主となって、恐らくは大円寺で悦崗宗怡を導師として行われた。その法語は次のようなものである（「明叔録」禅）。

◎亡夫を弔《とむら》う女有り、貞節三歳、千仏に浄斎す。法に依って妻を喜ばすか禅悦こぶか。一家四海を食し、家肥を識る。大日本国濃州路恵那郡岩村郷居住、三宝を奉つる弟子、一貞女あり、亡夫景前宗悟大禅定門の為に三祀の間、誓って毎月一度の浄斎、追助冥福を以って、其の功勲また霄漢を上透し、其の善利また黄泉《よみ》を下徹する者なり。伏して願わくば、這《こ》の願輪を棄て、速に剣樹刀山を転破し直に碾き、喝棒の雨を出して、子孫永く祖室の柱礎を作《な》す。武名は鎮支、老爺の門扉決したり。祝々、永禄元祀三月四日、悦崗。

この景前未亡人が後に武田信玄の家臣秋山伯耆守の妻になったわけではない。それは景前の子息景任（景孫）の未亡人であろう。「名古屋遠山彦四郎系譜」（鶴舞本）では、景任は景前の子で、岩村城主となり、元亀三年八月十四日に亡くなっている（景任院前和州太守景任宗吉大禅定門）。これを整理すると次のようになろう。

遠山景前 ――→ 弘治二（一五五六）・三・四没
　　天文十六（一五四七）、宝寿の霊供米寄進
〃　夫人 ――→
　　永禄元（一五五八）・三・四、景前三回忌執行
遠山景任 ――→ 元亀三（一五七二）・八・十四没

永禄七（一五六四）、大井武並社再建

〃　夫人 ——→ 天正三（一五七五）・十一、信長が斬殺

話は少しさかのぼるが、景前が天文十六年七月四日に、宝寿霊供米として三河国内の田畑（宮崎・黒崎など）を大樹寺内の宝樹院へ寄進する旨の知徳宛寄進状写が大樹寺にある。次のとおりである。

宝寿為霊供米於参州坪所あち和宮崎二石五斗五升成幷大門黒崎一石成所、合参石五斗五升、任売券旨、永代、大樹寺之内、宝樹院江令寄付畢、此内黒崎分二百文之事、木奉成之由在之、売券別紙有、次に鐘相加進入候、仍寄進状如件、

天文十六年七月四日　　遠山左衛門尉　景前在判

知徳

参

（『岡崎市史』史料古代中世）

また村岡幹生氏が「織田信秀岡崎攻略考証」（『中京国文学』、平成二十七年）を書かれ、岡崎城は天文十六年に織田信秀が確保したとの論を打ち出された。この論は、新潟県『三条市史』（昭和五十四年）に掲載された某年九月二十二日付けの「菩提心院日覚書状」を根拠にしている。菩提心院という寺は、越中国楡原保（富山市）の城尾城主斎藤氏の城下に在ったという。村岡氏は、この日覚書状が、天文十六年九月二十二日に比定されるとしている。

天文十六、七年から七、八年を経た天文二十四年ともなると、織田氏・松平氏・遠山氏の関係は、織田氏から信秀の影響が完全に抜け落ち、若き信長の作戦になってきた。

和徳寺文書によれば、天文二十四年と思われる九月十六日付けの原田・簗瀬宛今川義元の判物に、次のように書か

小　渡　砦

れている。

鱸《すずき》兵庫助小渡《おど》依致取出《とりで》、普請合力《ふしんごうりき》岩村衆幷広瀬右衛門大夫令出陣、右衛門大夫去八日令帰陣処、阿摺《あづり》衆馳合遂一戦、手負数多仕出、安藤藤三・深見与三郎者、安藤新八郎・同名宗左衛門討捕之段感悦也、此外七・八日の両日ニ於明智、近所通用之者六人討捕、手負数多仕出云云、是又粉骨也、同名権左衛門・横山九郎兵衛・鱸与八郎・阿摺衆神妙之旨申聞、弥当口之儀無油断可被異見専一也、仍如件、

(天文二十四年)九月十六日　義元(花押)

原田三郎右衛門尉殿

簗瀬九郎左衛門尉殿

(『愛知県史』資料中世三)

つまり、鱸兵庫助が三河国加茂郡小渡《おど》(豊田市旭町小渡)に砦を築くということで、岩村衆と広瀬右衛門大夫が普請合力のために出陣した。右衛門大夫が九月八日に帰陣しようとしたところに、阿摺衆が駆けつけて一戦に及んだ。また九月七・八両日は明智で六人を討ち取った、という戦があったのである。岩村遠山氏が、木曽氏に続いて武田信玄

の影響下に入ったのは、ちょうどこの天文二十四年（弘治元）頃であった。翌弘治二年正月に、遠山氏は岩村城下の大円寺に武田信玄の禁制を掲げている（前述）。

2　永禄元年の岩村と奥三河侵攻

最初の衝突があった天文二十四年（一五五五）から数えて三年後の永禄元年（一五五八）五月十七日に、その近く、奥三河の名蔵《なくら》船戸《ふなど》橋《ばし》で、今川義元方の奥平監物《けんもつ》入道と岩村衆とが一戦に及んだ。その時の功績を賞して、今川義元が奥平監物入道に次のような感状を与えている。

去五月十七日、於名蔵船戸橋、岩村衆と遂一戦、各人数粉骨高名感悦也、併依一身之異見者也、仍而如件、

永禄元

六月廿五日　　義元判

奥平監物入道殿

（東京大学総合図書館「松平奥平家古文書写」）

この感状に先立って、永禄元年六月二日付けで、奥平松千代宛に、敵（岩村衆）の山内采女被官の後藤三右衛門を、松千代の被官加藤甚四郎が討ち取ったことを義元が賞し、また松千代の家来山本甚兵衛・中村彦次郎が疵を負ったこともねぎらっている（国立公文書館「奥郡故事集」）。

この戦では、岩村衆が舟渡橋・岩小屋に後詰をしており、前述のほか多くを奥平方が討ち捕った。特に源二郎殿や九八郎殿の働きはすばらしく、永禄元年閏六月八日付けで、奥平監物宛朝比奈親孝らが連署状を出してこれを賞した。全文は次のとおり。

先度於舟渡橋、岩小屋江後詰之人数多討捕、御粉骨之至、無比類、御感状被遣候、源二郎殿両度抽御馳走、御感

悦異于他之思召候、然間御腰物正恒被進候、御面目之至候、将又九八郎殿儀、御親類中、人質於牛久保ニ被置、以身血重諸余、不可有誠に略候段、各御申候条、無御存知ニ、三戸大宮寺辺ニ、為山林可有御堪忍之候、是又御心安存候、委細御同名兵庫助殿へ申条、不能詳候、恐々謹言、

壬六月八日　　朝下親孝　判

長源以長　判

由江光綱　判

奥監御宿所

（東京大学総合図書館「松平奥平家古文書写」）

つまり、「奥平監物入道の活躍に、義元公が大いに感心し、短刀の正恒を源二郎に遣わすとのことである、また九八郎も人質を牛久保へ差し出しながらも功績を挙げたので山林を遣わすとのことである。詳しくは奥平兵庫助へ伝えた」という書状である。

この戦は、岩村の遠山氏が永禄元年五月に奥三河へ侵入し、義元方の奥平氏を攻め立てたことによって起こった。永禄元年というと弘治四年（一五五八）のことで、この年二月二十八日に永禄と改元されている。

二年前の弘治二年三月四日に遠山景前が亡くなり、遠山景孫（景任）の代になった。永禄元年三月四日の景前三回忌は、景任でなく景前の未亡人が大円寺の悦崗宗怡（希庵の法兄）を招いて法要を行った（先述）。景任は病弱だったかもしれない。したがって奥三河へ攻め込んだのも、景前未亡人が先頭に立って計画し、武田氏の重臣秋山善右衛門虎繁《とらしげ》らの加勢で行われたのであろう。

甲州に居たらしい武田信繁も、秋山虎繁に次のような手紙を出している。

被仰付候間、啓候、仍分節（武節）口為談合、原与一・熊谷玄蕃義、□被申候、只今被為遣候、其許陣明候者、急

度可被差越候、委曲使口上ニ申含候、恐々謹言、
　八月十日　信繁(花押影)
秋山善右衛門尉殿とのへ
（刈谷市立図書館「尾張文書通覧」）

つまり、信玄から命ぜられたのでお伝えする、よって、武節口《ぶせつくち》の攻略方法などについて原与一・熊谷玄蕃と打ち合わせて行動してほしい、虎繁も暇ができたら信玄のもとへ駆けつけるように、との内容であろう。そうすると『北設楽郡史』はこの年を永禄五年にしているが、次に掲げる秋山宛信長書状によると、永禄元年に比定できるのではないか。

秋山虎繁は、弘治二年の武田氏による遠山氏制圧と時を同じくして岩村へ入ったらしく、二年後の永禄元年十一月二十三日には、信長が虎繁に答礼している。奥野高廣氏は、東京大学の「新見文書」によるとして、次の書状を掲げている。

先度者陣中江御使本望候、仍雖不思召寄申事候、大鷹所望候、誰々就所持者、御調法候而、可被懸御意候、猶埴原新右衛門尉可申候、恐々謹言、
　十一月廿三日　信長(花押)
　　秋山善右衛門尉殿
　　　御宿所
（『織田信長文書の研究』補遺・索引）

奥野氏は、これに「花押の形状は、永禄元年に比定される。二六号文書と関連し、尾張岩倉城攻撃の史料であろうか」との注記をしている。もし岩倉城攻撃の史料だとすると、信長の岩倉攻略を祝ったものであろう(拙稿「岩倉織田氏の終焉と新史料」〔『郷土文化』二二〇号、平成二十六年〕、同「犬山城主織田信清の新史料とその実像」〔同二二三号、平成

二十七年〕)。

このように、永禄元年の岩村遠山氏による奥三河への侵攻は、一時的なものに終ってしまったらしい。

3 遠山景任の卒去と信長の岩村占領

『巌邑誌』によると、岩村城下の飯狭間《いいばさま》(飯羽間)の山中に温泉があった。「西川翁記」によるところでは、永禄年中のこと、遠山夫人に子なく、ある晩夢のお告げに、そこに霊泉があり、これを浴びれば子が授かるだろうとのことであった。たまたま釣り人が、鉄砲疵を負った二匹の鹿が疵口を洗って去ったのを見た。その泉は渋味があり硫黄の臭いもした。夫人が三七日《みなのか》(二十一日間)これを浴びたところ、翌年に一男児を生んだ。そこで夫人は泉の傍らに石仏を建てたという。「永禄中の遠山、主は即ち景任なり」と注記を入れている。

ただし、記録では景任には子がなかったとされているので、この子は早世したのだろうか。弟の掃部助《かもんのすけ》は苗木家の養子となった。

そのような経過なので、信玄と信長の友好関係は、永禄五年(一五六二)から十年へと続く。ただし、表向きは信玄と美濃の斎藤龍興の交流も続いてゆく。信玄としては、岩村を確保した上で、矢作川沿いに交通路を打通《だつう》しておくという方針ではなかったか。これを秋山善右衛門が担当した。一方では、苗木城から木曽川沿い下流の可児郡金山城を経て久々利城に至るルートも、信玄は確保していた。

その後、景任と掃部助の兄弟がともに病死したことを、(元亀三年〔一五七二〕)十月十八日の手紙で上杉謙信が越中の河田重頼に報じている。景任の死去は元亀三年八月十四日であった。この頃には、信玄と信長は敵対するようになり、景任らの死去のすきをついてか、岩村城は一時的に信長の手に入った。「小里家譜」は、

岩村之城取候由注進候、然は人数一騎係ニ申付候、猶一左右次第可出馬候、委曲三良五良・河尻可申届候、恐々
謹言、
（元亀三年）十一月十五日　信長（朱印）
小里内作とのへ

という文書を載せている。ところが、それも束の間のことで、すぐに信玄が岩村城を奪回した。信長方の主将織田三郎五郎信広（信長の庶兄）を支援する延友佐渡守に、信長が次のような書状を出している。

今度岩村之儀、無是非題目候、雖然其方事無疎略覚悟之通神妙候、仍日吉郷・釜戸本郷令扶助候、弥忠節簡要
候、恐々謹言、
元亀三
十一月十五日　信長（朱印）
延友佐渡守殿
（『大日本史料』上原準一氏所蔵文書）

さらに、信長から譲られて美濃・尾張の国主となった織田信忠（信重）も、翌天正元年（一五七三）九月二十六日に遵《じゅん》行《ぎょう》状を延友佐渡守に与えた。

岩村逆心之刻、其方忠節段、日吉・釜戸本郷、信長如朱印、知行不可有相違候、恐々謹言、
天正元
九月六日　信重（織田信忠）
延友佐渡守殿
（『大日本史料』上原準一氏所蔵文書）

この延友氏は天正三年七月に至っても岩村城近くに詰めていて、信忠から七月二十三日付けで「祝着」とねぎらい

の手紙をもらっている(『稿本恵那郡史料』古今書札判形之写)。この佐渡守は延友氏を改め、遠山氏を名乗り、このあと家康の配下で活躍する(本書第八章参照)。

4 女城主

遠山景任夫人は、元亀三年(一五七二)八月十四日の景任死去により、未亡人となった。そして同年十一月の織田信広らによる占拠によって景任の養子として信長の子信勝(御坊丸)を迎えたが、すぐ再占拠した信玄の主将秋山虎繁と未亡人が婚姻したことにより、御坊丸は甲州に人質として送られてしまった。それから三年の歳月が流れた。天正三年五月、武田勝頼が三河長篠城を包囲した。信長はこれに即応し、陽動作戦として岩村城を包囲した。『信長公記』天正三年五月二十五日の条には、

岩村の城、秋山・大島・座光寺を大将として、甲斐・信濃の人数楯籠る。直ちに菅九郎(信忠)御馬を寄せられ、御取巻くの間、是れ又落着たるべき事勿論に候。

とある。このように主将の秋山以下武田勢は籠城した。信長は信忠に包囲させておいて、越前の鎮定を急いだ。この年天正三年十一月十日、岩村城の東隣の山の水精山に陣取る河尻秀隆らの陣営へ、秋山方から夜討ちがかけられた。逆に好機と見た秀隆らは、引き上げる武田方を追って岩村城へ攻め入り、織田方が大勝した。武田勢の大将二一人、侍を一一〇〇余名討ち取り、他は命乞いをしたので助命した。秋山・大島・座光寺の三将は赦免になったものと思い込み礼を秀隆らにいう有様であった。それを召し捕り、信長は長良河原で磔にしてしまった(後述)。

四　近世初期の岩村城

1　河尻秀隆

俗に鎮吉《しずよし》とも呼ばれるが、実名は秀隆、通称は与兵衛尉、肥前守である。大永七年（一五二七）の出生である（『織田信長家臣人名辞典』）。三十歳頃から、織田の馬廻り衆（黒母衣衆《くろほろしゅう》）をつとめて頭角をあらわした。元亀三年（一五七二）十月には、織田信広とともに岩村城において、いったんは武田の将秋山虎繁を撃退したが、十一月に占領されてしまった。

秀隆は若い頃、つまり天文末年（二十五、六歳頃）には、守護代織田彦五郎に仕えていたと推定されている。奥野高廣氏は与三郎が秀隆ではないかと推定している。たとえば坂井文助宛信長の書状に、

河尻与三郎分内、拾五貫文幷斎藤分四貫文合拾九貫文事、為扶助申付訖、全知行不可有相違者也、仍状如件、

弘治元

十二月廿八日　信長（花押）

坂井文助殿

（『織田信長文書の研究』上、坂井遺芳）

とある与三郎である。ただ、与三郎は一五貫文の所領を没収された人物であり、秀隆本人というのは疑問であるが、秀隆の通称名が与兵衛尉であり、同じ与を使っているので、与三郎は与兵衛尉の父親等の近親者であることは間違い

恵那郡略図（渡辺俊典『土岐氏主流累代史』昭和63年より）

ないのではないか。

2　小里氏

多少脇道にそれるが、ここで小里城（瑞浪市小里）について述べておく必要がある。先祖はよくわからないが、『岐阜県史』史料編近世二の「小里家譜」によると、土岐元房の子の土岐兵部少輔頼連（長享二年〔一四八八〕生まれ）の子が、永正八年（一五一一）生まれの小里出羽守光忠である。光忠は初め和田を称し、のち小里と改め、小里に住んだという。その子が助右衛門光明である。光明のあと彦五郎光直・助右衛門光親と引き継がれるが、光親の母は小里内作光次の娘という。七月二十三日付けの河尻（瑞浪市の鶴ヶ城在城か）宛信長書状で、小里氏の動向が気にかかるから注意するようにと意見をしており、その次に掲げた遠山左衛門尉・左近助宛書状で、信長は「小里の逆心ははっきりした」といっている。なお名古屋市鶴舞中央図書館の「恵那郡沿革考」では、和田助右衛門正忠（元和元年〔一六一五〕没）、その子正興、その子正和とし、正和の自殺によって絶家したことを述べている。その前書きに小里氏のことがある。

それによれば、慶長八年（一六〇三）九月、庚子（関ヶ原の戦い）の軍功によって小里助右衛門に家康から小里城など賜ったが、三世の正和が自殺し、延享二年（一七四五）に領地を没収され、幕府領となった。所領は三五八四石二斗五升だったという。このような家系の小里光明（天文六年〔一五三七〕生まれ、慶長六年没）が、信玄方の工作によって、元亀三年（一五七二）七月頃に信長側から信玄側に転じ内通した。

恐らくは、元亀三年七月に信玄方の岩村城が落城するとともに、小里城も支え切れなくなり、小里氏は城を明けて家康を頼ったのではないか。その後、岩村城は再び武田方が占拠した。

和田・小里系図（『岐阜県史』史料編近世二より）

小里光忠　永正八生
├ 光次　天文三生　小里内作
│　└ 光久
└ 光明　小里助右衛門　慶長六・九・十二没
　　├ 光直　彦五郎　天正十二没
　　└ 光親　助右衛門

元亀三年十一月の武田氏による岩村攻めの四ヶ月ほど前、すでに武田軍侵攻の情報は信長にも知らされていた。これを信長は河尻秀隆に知らせて用心するように次のような注意を与えた。

先書ニ申し候ことく、此表の事、弥存分ニ申付候、種々一揆共熟望仕候へとも、此刻可根切事候之間、不免其咎候、仍其表之事、万事無心元なく候、殊ニ小里の義詮候間、聊無油断、機遣簡要候、当城之儀も、普請已下少も無越度様ニ可被出精事第一候、此方ニ候へとも、心ハ其方事のミ案じ入り候、其表詮に候間、如此申届候事ニ、近日可開陣之条、心事期面談候、謹言、

七月廿三日　信長（朱印影）

河尻与兵衛尉殿

（「小里家譜」）

なお『織田信長文書の研究』上には、「玉証鑑」などによるとして、この文書を載せているが、「小里の義」とあるべきところ「小野之義」としていて意味が通じないので、金沢市立図書館の「後撰芸葉」や『戦国遺文』によって補正し次に掲げる。

如顕先書、此表之備、不相替候、然者、小里之儀、自隣郡依助成、阮逆心露顕之様ニ候哉、無是推（非）次第候、於遺

恨者、雖為勿論、当手前之事候之条、先寛当擬尤候、其上以時節成敗候者、我意眼前候、委曲已に附与、万可口上候間、不能具候、恐々謹言、

八月七日　　信長

遠山左衛門尉殿

同　左近助殿

十一月十五日付けの織田信長朱印状写も「小里家譜」によって次に掲げる。

岩村の城取候由注進候、然者人数一騎係ニ申し付け候、猶一左右次第出馬すべく候、委曲三良五良・河尻申し届くべく候、恐々謹言、

十一月十五日　信長（朱印影）

小里内作（光次）とのへ

（『岐阜県史』史料編近世一）

3　岩村落城

元亀三年（一五七二）七月に、苦労して入手した岩村城をすぐに武田勝頼に奪回されたが、長島攻めや三方ヶ原の戦いを前にして有効な手が打てなかった。そのおよそ一年半後の天正二年（一五七四）正月二十七日、武田勝頼は岩村口から出て明知の城を取り巻いた（『信長公記』）。その知らせに接した信長は、二月一日には、尾州・濃州の兵を出し、明知城を目指した。二月五日には信長父子が出馬し、五日は御嵩《みたけ》に陣を張り、次の日は高野《こうの》（瑞浪市神篦《こうの》の鶴ヶ城の地）に居陣した。さらに駆けつけようと軍議中に、明知城中で飯羽間右衛門が謀叛を起こし、信長方の明知城は落城してしまった。信長は高野の城の普請を命じ、河尻与兵衛を定番とした。また小里の城も普請をして池田勝三郎を番

河尻秀隆の墓（岐阜県坂祝町・長蔵寺）

手に置いて、二月二十四日に信長父子は岐阜に帰った（『信長公記』）。以後一年半ほどは両軍対陣のままであった。

戦局が動いたのは二年近くを経た天正三年十一月になってからで、長篠の戦いが済んでからである。勝頼は岩村の後巻として、甲斐・信濃の土民百姓まで狩り出して城へ集めた。一方の信長は十一月十四日戌《いぬ》の刻（午後八時頃）に京都を発ち、夜を日に継いで十五日に岐阜へ至った（『信長公記』）。

この岩村攻防戦では、信忠軍が城を取り囲むなか、守将の秋山は密かに人を遣わして、東方の信濃国の伊奈から粮食を運ばせた（『巌邑誌』）。一方川尻秀隆は、山麓の勝岳山大船寺の住僧に案内させて、城の東の山、水晶山（水精山）に登り、ここから城中目がけて弓矢を射込んだ（『巌邑誌』）。

『信長公記』では、天正三年十一月十日の夜、武田勢は水精山へ夜討ちを入れたという。守将の河尻与兵衛・毛利河内・浅野左近・猿萩《さらうぎ》甚太郎らが支えて水晶山から武田兵を追い払うと同時に夜討ちの者たちの後を追い、柵を引き破って城内へなだれ込んだ。信忠が先懸けをしたという。そして山中へ逃げ散った者も探し出し、捕えた甲斐・信濃の大将二一人と侍を一一〇〇人切りすてたところで、残りの敵兵は攻め手の塚本小大膳を通じて命乞いをしてきた。

同年十一月二十一日になり、秋山・大島・座光寺の三人が赦免の礼をいったところ、逆に信長の命令で召し捕らえられ、岐阜へ送られ、長良河原で三人は磔にされてしまった。他の者は岩村城内の遠山市丞丸へ追い込み、遠山二郎三郎・遠山市丞・遠山三郎四郎・遠山徳林・遠山三右衛門・遠山内膳・遠山藤蔵の七人が武田兵を切り殺し、残る者も焼き殺しにした。岩村へ援軍に駆けつける途中であった勝頼はこれを聞いて本国へ引き上げた。信長は岩村城に河尻与兵衛を入れ、十一月二十四日に岐阜へ帰った（『信長公記』）。

岩村落城後の秀隆は、信長の命令をうけて各地を転戦したが、天正十年二月からの信長による甲州攻めでは戦功を挙げ、甲斐一国の領主となった（岩久保城主、二〇万石）。ところが、本能寺の変後の、天正十年六月十八日に一揆勢に襲われて戦死した。武田の残党によるともいう。

甲州へ移るまでの秀隆の居城は岐阜県加茂郡坂祝《さかほぎ》町勝山《かつやま》の勝山城で、菩提寺は、木曽川を四キロメートルほど遡った。坂祝町酒倉一色《さかぐらいっしき》の長蔵寺であった。長蔵寺には秀隆の画像（貞享五年〔一六八八〕作）がある。

4　森蘭丸

蘭丸は、正しくは乱法師と呼ばれ、実名は成利、通称長定である。信長の家臣森可成の三男で、天正七年（一五七九）頃から史料に名が見えはじめる。天正十年四月に金山城主で兄の森長可が信濃海津（川中島）城主となって移ったあと金山城主となった。蘭丸は本能寺の変で討死したため、わずか二ヶ月の城主であり、地元兼山（明暦二年〔一六五六〕に金山から兼山に改称した）には史料が残っていない。

金山城主蘭丸は、天正十年四月に岩村城も拝領したらしく、城代として各務兵庫を派遣した。各務兵庫は森家の老臣である。兵庫は、森長可・森忠政と仕えて、慶長五年（一六〇〇）二月の川中島移封まで岩村城を守った。

5 森長可

長可は森蘭丸の兄で、天正十年（一五八二）四月に金山城から信濃海津城へ移ったものの、同六月二日の本能寺の変の急報を聞いて、即座に金山城へ帰ることを決意した。岩村城は城代各務兵庫が守っており、金山・岩村両城は再び森長可の手に戻った。ところが二年後の天正十二年三月には、小牧・長久手の戦いが起き、長可は池田恒興父子とともに討死してしまった。

その後の岩村城を守ったのは、引き続き、各務兵庫であった。

6 森忠政

森可成の末子で、蘭丸・坊丸・力丸の弟。天正十二年（一五八四）四月に兄森長可が討死したのをうけて森家（金山城主）を相続した。それから慶長五年（一六〇〇）までの十六年間ほどが森家の最も安定した時期であった。ところが岩村城は城代各務兵庫が居るに過ぎなかったため、天守閣は造営されなかったと思われる。城主に一〇万石以上の財力が無いと、天守閣を建てたり維持することは困難といわれている。

金山城主の忠政は、慶長五年の川中島城転封まで岩村城を所有し、城代としては各務兵庫が引き続いて守備していた。

7 田丸具忠

森忠政が金山城主から信濃川中島城主に転封となるのに伴い、慶長五年（一六〇〇）二月からは田丸具忠が岩村城へ入城した。

具忠は伊勢の北畠氏の一族で、伊勢の田丸城に拠ったが、信長に追われて近江の蒲生氏に仕え、また秀吉に仕えた。蒲生氏郷が会津六〇万石になるとともに、具忠は三春城五万石の主となった。氏郷が亡くなり、その子秀行が一八万石で宇都宮城主となると、具忠は川中島城主三万石となった。森忠政が慶長五年二月に川中島城主となると、具忠は岩村城主四万石の城主となったのである。

具忠は関ヶ原の戦いでは岩村城に籠ったままであったため、家康は具忠が西軍に所属したものとみなし、戦後、岩村城の取り上げを決め、苗木城主の遠山友政や明知城主遠山利景を岩村城へ向かわせた。たまらず具忠は開城した。時に慶長五年十月十日であった。正徳三年（一七一三）作の「老人物語聞書（東濃天正記）」では、領内の百姓を招き、「このたび田丸に同心すべし。恩賞を厚く宛行う」といって、三〇〇石とか五〇〇石の黒印状を渡し、また一方では妻子たちを人質にとって岩村城内に質小屋を造って入れた。一方、家康方は妻木城へ土岐郡浅野・高山・大富・久尻の四ヶ村の者を招いて、もし岩村へ同心したら家康公が討手を差し向ける。此の方へ味方すべしといい、お互いに疑心暗鬼だったようである。

『岩村町史』によれば、敗れた側の田丸氏は、出家して高野山へ入ったという。戦後、具忠は越後に配流となり、慶長七年五月会津の実相寺で亡くなった（樋田薫『岩邑城』昭和四十年）。

8　松平家乗とその子孫

慶長六年（一六〇一）、岩村藩が誕生した。城主は松平家乗。土岐・恵那両郡で二万石と、駿河・美濃各所で一万石の計三万石であった。

樋田薫『岩邑城』によれば、岩村城は天正期に森氏によって石塁を多用する近世城郭へと脱皮したといわれる。そして松平氏も後任の丹羽氏も入城してから細部に幾分かの修理をしたといわれている。岩村城主の歴代は次表のとおりである。

岩村城主歴代表

	城主名	在城年	卒去年月日	備考
1	松平 家乗	慶長6～慶長19	慶長19・2・9	二万石。大聖院殿乗誉道見大居士。
2	〃 乗寿《のりなが》	慶長19～寛永15		浜松城へ移る。
3	丹羽 氏信	寛永15～正保3	正保3・5・11	三河伊保より。慈明院殿可山道印大居士。
4	〃 氏定	正保3～明暦3	明暦3・4	興昌院殿桃雲宗蕚大居士。
5	〃 氏純	明暦3～延宝2	延宝2・9	直指院殿性山義見大居士。
6	〃 氏明《うじあきら》	延宝2～貞享3	貞享3・3・3	性覚院長門権刺史徳雲道海大居士。
7	〃 氏音《うじおと》	貞享3～元禄15	宝永2・4	元禄15年越後へ。
8	松平 乗紀《のりただ》	元禄15～享保元	享保元・12	小諸より、二万石。
9	〃 乗賢	享保2～延享3	延享3・5・8	加封一万石で三万石。
10	〃 乗薀《のりもり》	延享3～天明元	天明3・7	本家松平乗邑二男。婿入り。
11	〃 乗保	天明元～文政9	文政9・6・26	朽木氏から婿入り。
12	〃 乗美	文政9～天保13	弘化2・8・20	乗保二男。
13	〃 乗喬	天保13～安政2	安政2・7・11	乗美二男。
14	〃 乗命	安政2～	明治38年 東京で卒	明治2年藩籍奉還。

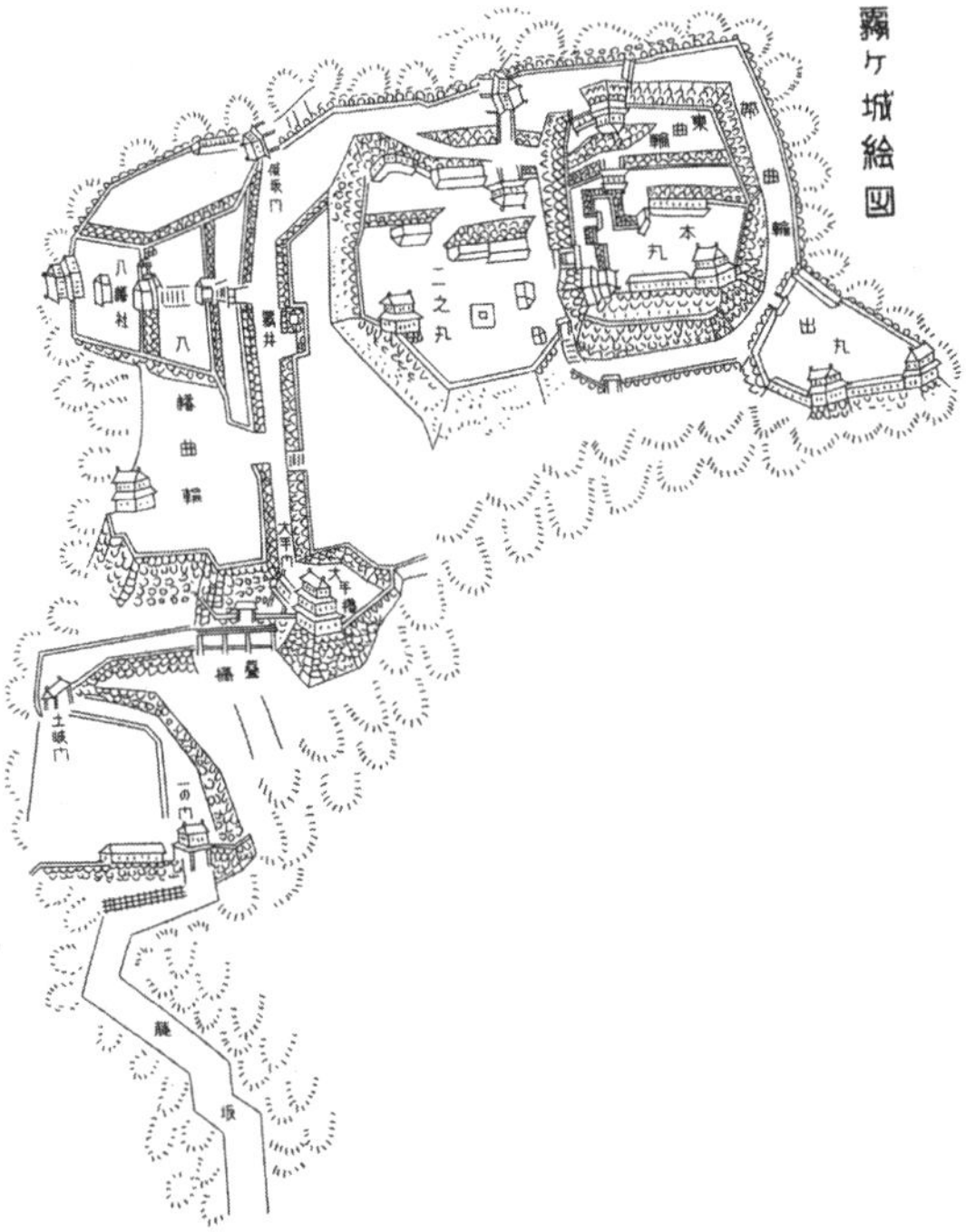

岩村城見取り図(樋田薫『岩邑城』昭和41年より)

岩村城の藩主邸跡

五　遠山明知氏

1　明知氏と氏寺

行政地名としては、現在「明智」の字が用いられているが、江戸時代以前は苗字も地名も共に「明知」が用いられていたようである。だから旗本明智氏ではだめで、「明智町」でもだめということになろう。また、明知もしくは明智を使っているからと言っても、土岐明智氏とは全く無関係であることも最初に断っておく。

『明智町史』を見ると、明知(智)遠山氏関係の寺で室町時代に遡るものはあまり見られない。その中でも龍護寺が唯一古い由緒をもつ。同寺の「年代記」に、「とうせんぼう」(塔仙坊)という所に楞厳《りょうごん》院という草庵があり、柏庭和尚が閑居していたとある。臨済宗妙心寺派の柏庭和尚は愛知県犬山の徳授寺の開山でもあり、永正十年(一五一三)に亡くなった人であり、ここに閑居していたとするとその頃のことと見られる。そして慶長元年(一五九六)に地頭遠山利景が明知城の北に寺を建て、楞厳院を改めて龍護寺と名づけたという。時の住職は椽室《てんしつ》である。

妙心寺派略法系図

景川宗隆――柏庭宗松――月湖宗沖――叔栄宗茂――安渓玄泰――椽室宗採

柏庭が開き、椽室が中興した龍護寺よりももっと古く、鎌倉時代もしくは建武の中興前後に開かれた禅宗寺院が明知の地にあるかもしれない。中世末の戦乱でわからなくなっているだけかと思われる。そうした中で、遠山三家の菩提寺として、岩村・明知・苗木に各一ヶ寺ずつが当初から在ったわけではなく、当初は岩村城近くに三家の菩提寺として一ヶ寺建てられていたとみることの方が合理的かもしれない。一ヶ寺であるとすると、それは岩村町飯羽間に寺跡がある極楽寺である可能性が強い。鎌倉時代前期つまり源頼朝の時代にはまだ禅宗がこの地方まで広まっておらず、浄土宗もしくは時宗《じしゅう》の時代といえよう。

2 遠山明知氏歴代

蓬左文庫の「加藤遠山系図」と名古屋市鶴舞中央図書館の「遠山氏系譜」によれば、明知家初代は景重である。以下歴代について詳述する。

【遠山景重】初代

鎌倉前期の遠山景朝に三男子があり、長男は恵北家（苗木家）を興したと推定される。三男は岩村家を景朝から継承した。そして二男の景重が明知家初代となった。「遠山氏系譜」での肩書きは「三郎兵衛尉」である。『吾妻鏡』に見えないことからすると、早くから明知へ来て、領国経営に専心したものとみえる。

明知の領下と思われる恵那市馬場山田に在った飯高寺《いこうじ》では、建久六年（一一九五）に経典が写された。これは現在愛知県豊田市の猿投《さなげ》神社にある古文孝経で、

建久六年乙卯四月廿六、美州遠山之庄飯高寺書写了、

という奥書がある。この飯高寺は、現在の飯高山萬昌寺を指すとされる（熊谷博幸『明知御陣屋』）。残念なのは、この経典が遠山氏とどのように関わっているかわからないことである。

【遠山景長】二代

景重の子。「遠山氏系譜」での肩書きは、「孫太郎左衛門尉」で、「法名上円」とある。『吾妻鏡』の弘長元年（一二六一）八月の条に、

十五日、鶴岳放生会、供奉人、帯剣遠山孫太郎景長、

また弘長三年の条に、「遠山孫太郎左衛門尉景長」とある。

【遠山朝廉】三代

景長の子。「遠山氏系譜」での肩書きは、「加藤孫二郎」である。「法名覚心」。弘安～永仁頃（一二七八～一二九九）の人か。

【遠山景忠】四代

朝廉の子。「遠山氏系譜」は「加藤孫二郎」とし、「法名宗心」とする。鎌倉時代末期の人であろう。弟に　景宗・弁朝・景基を載せている。

【遠山景房】五代

景忠の子。「遠山氏系譜」は「安芸守、八郎、弥次郎、左衛門尉」、また「法名保勝」とする。弟に景俊・景秋・景村・八郎次郎、駿河守景綱、九郎景継・又次郎景藤・式部少輔景行、孫七景包・景豪があるとする。観応三年（一三五二）の足利尊氏から遠山景房に宛てた知行状写があるので紹介する。

下　遠山安芸守景房

早領知令可、安房国古国府中村真下中務丞跡之事、右勲功賞所宛行之、者、先例守沙汰可致状、如件。

観応三年三月一日

（「蓬左文庫・券書藪」遠山左近家所蔵・『稿本恵那郡史料』）

【遠山頼景】六代

景房の子。「遠山氏系譜」は「安芸守」とする。「券書藪」は遠山主水家所蔵として次の文書をのせている。
美濃国遠山庄手向郷之内、明智上下村・荒木村・窪原・佐々良木・安主名等知行方所々、地頭之事、遠山安芸守
頼景領掌不可相違有状、如件、
明徳元年七月十七日

【遠山景基】七代
「遠山氏系譜」の記載は前項の頼景までである。遠山健彦氏所蔵文書(『岐阜県史』史料編中世)に、次の文書が収められている。
(足利義持花押影)
美濃国遠山庄手向郷内明智上下村・荒木村・窪原・佐々良木・安主名等、其外知行分所々、地頭職之事、遠山伊
豆守景基領掌不可有相違状、如件、
応永十七年九月四日

【遠山景次】八代
遠山健彦氏所蔵文書(『岐阜県史』史料編中世)に次の文書がみえる。
(足利義教花押)
美濃国遠山庄手向郷内明智上下村・窪原・佐々良木・安主名等、其外知行分所々、地頭職之事、遠山右京亮景次
領掌不可有相違状、如件、
永享十年三月十日

【遠山景勝】九代

明知城本丸入口

明 知 城 本 丸

蓬左文庫「古今書札判形之写」に次の「足利義政御教書写」が見える。

（足利義教花押）

美濃国遠山庄手向郷内明智上下村・荒木村・窪原・佐々良木・安主名等、其外知行分所々、地頭職之事、遠山左京進景勝領掌不可有相違状、如件、

康正元年十二月廿九日

【遠山左衛門】十代

「蔭涼軒日録」によれば、明知は加藤左衛門というとあるが、実名は不詳である。

【遠山景保】十一代

蓬左文庫「古今書札判形之写」の次の文書に遠山景保の名が見える。

（足利義稙花押）

美濃国遠山庄事、手向郷内明智上下村・荒木村・窪原・佐々良木・安主名等、任当知行之旨、遠山明知左衛門尉景保領掌不可有相違之状、如件、

永正八年十二月八日

明知遠山景行系図

遠山景行
- 景玄（永禄十三没）
- 一行（天正二明知落城　天正十四没）
- 阿子（天正十、森長可に人質となる　天正十一、野原村川原にて磔）
- 利景
  - 方景
    - 長景

【遠山景行】十二代

永正六年（一五〇九）明知城で生まれ、元亀三年（一五七二）十二月二十八日に亡くなった。元亀元年死去説もある。法名は乾樹院殿文岳宗叔大居士という（熊谷博幸『明知御陣屋』乾、明知年譜、私家版、平成二十一年）。

室は三州広瀬の三宅氏女で、これによって遠山氏は三宅氏を介して織田信長とも連携できることになった。ただし、景行室は永禄四年（一五六一）二月に亡くなった（同書、九頁）。同書によれば、元亀三年冬、武田信玄の家臣秋山伯耆守が二五〇〇騎で東美濃と東三河へ攻め入るとの風評が立った。そこで岩村遠山氏や明知城主遠山相模守景行・同与助一行・串原遠山左馬助・同五郎経景・小里遠山内記・苗木勘太郎・安城《あぎ》遠山某ら二五〇〇と、徳川家康方から菱鹿野の奥平九八郎、名倉の戸田某、足助の鈴木越後父子、武節の河手某、長篠・築手・駄峯ら、合わせて二五〇〇とが対峙した。ところが秋山勢を前に三河勢は一支えもしないで敗走した。美濃勢も劣勢で、苗木の吉村源蔵・串原右馬助や同郎党の堀勝筑・渡辺新左衛門・中垣与八郎らが苦戦し、明知の遠山景行は六人まで突伏せ、咽が渇いたので道脇の岩に槍を突込んだところ冷水が湧き出した。咽をうるおして再び戦ったものの、吉村・渡辺らをはじめ、景行も討死してしまった（同書、二四頁）。

景行夫婦は明智町杉平の安住寺に葬られている。

【遠山景玄】十三代

遠山景行の嫡子であるが、父に先き立って永禄十三年（一五七〇）に明知城で亡くなった（『明知御陣屋』乾）。三年後の元亀三年（一五七二）には、景行が上村で武田方の秋山勢に討たれた。

【一行《かずゆき》・方景《みちかげ》】十四代

読み方は『寛政重修諸家譜』による。一行は利景の兄景玄の子であるが、景玄が若くして討死したために、利景に養育された。

景行の孫に当る一行は、天正十年(一五八二)の信長による武田攻めで、川尻秀隆に従軍した。在甲のうちに、信長が本能寺の変で亡くなったことを知り、一行の後見人利景は美濃へ帰った。天正十一年、美濃金山城へ帰った森長可は、利景に人質を差し出すように迫った。そこで利景は一行の子の阿子を金山城に送った。のち、利景は城を出て徳川家康を頼って行ったため、怒った森長可は三河との境の矢作川原(野原村下切)で阿子を磔にしてしまった。この時一行はまだ甲州に在ったが、帰途の天正十四年十一月十七日に甲信の境、平沢峠で雪にはばまれ死去した(以上『明知御陣屋』乾)。

天正十二年(一五八四)の小牧・長久手の戦い後、真田昌幸の兵を抑えるため、松平源十郎康国に従って信濃国の小諸城を守った。

方景は慶長五年(一六〇〇)九月の関ヶ原の戦いで父利景とともに明知城を攻めて戦功を挙げた。慶長十九年八月に遺跡をつぎ、十一月の大坂冬の陣に家康の供をして陣羽織をもらった。元和元年(一六一五)の戦役では牧方《ひらかた》の押さえとなり、平野で落人の首一六を獲て、帷子《かたびら》二領を拝領した。そして、暇をもらって采地に赴いた。寛永十五年(一六三八)六月四日に明知で亡くなった。年六十四。法名玄栄。葬地は龍護寺。

3　長景とその後

長景は寛永十五年九月に家を継ぎ、子孫は明治に至るまで、明知を領して旗本であった。

明知遠山氏系図

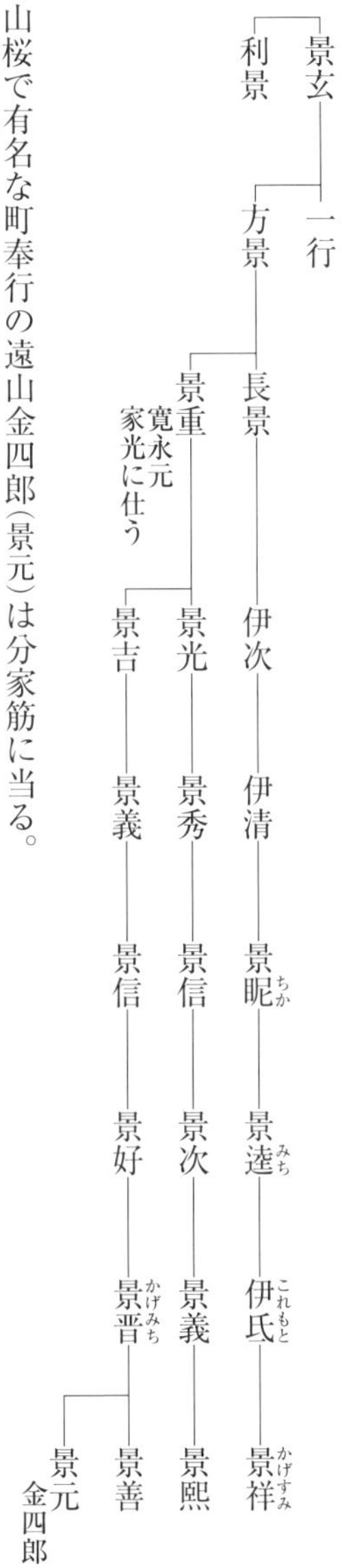

遠山桜で有名な町奉行の遠山金四郎（景元）は分家筋に当る。

4　旗本明知家歴代（六五〇〇石余）

遠山利景。幼時は出家して飯高山万昌寺に居たが、元亀三年（一五七二）に父景行が上村合戦で討死した上に、兄景玄も若死しその子一行が若かったので、還俗して後見人になることになった（『明知御陣屋』乾）。天正二年（一五七四）、明知城は武田勝頼が占拠したが、天正三年に勝頼が長篠で織田・徳川連合軍に敗れ、それに乗じた遠山利景は明知城を奪還し、織田勢の岩村城攻略に参戦した。

ついで天正十年、利景・一行の二人は武田勝頼攻めに加わり、続いて川尻秀隆とともに甲府の在番をつとめた。そして、利景は一行を甲州に置いて帰国し、明知城を固めた。さらに一行は三河国の足助に至って家康に仕える旨を申し出た（『寛政重修諸家譜』）。これを聞いた森長可は大いに怒って人質の娘を殺し屍を野原村の河原にさらした。翌十二年小牧・長久手の戦いが起こるや、長可は石黒藤蔵と関左門に明知城を防衛させた。利景は四月十七日にこれを攻略し、首級一五を得たという。このうち三首級を尾張小牧城へ送ったので、小牧城では西尾小左衛門吉次と本多弥八郎正信が首実検の準備を進めていたところ、家康がこれをせずして本領（明知城）を安堵したという（『寛政重修諸家譜』)。しかし、小牧・長久手の戦い後明知城は秀吉の領有となり、利景は明知城を明け渡した。秀吉は明知(智)城三〇〇〇石余を、天正十三年十月に林長兵衛に与えている(「豊臣秀吉文書集」二)。

濃州之内明智分参千百四拾一石、相添目録別紙、令扶助畢、全可領知者也、

天正十三

十月廿八日　御朱印

林長兵衛(直次)殿

林長兵衛は岐阜県『兼山町史』によれば、森家の家老で、土岐郡高山城留守居役。慶長五年(一六〇〇)川中島にて八〇〇〇石を知行した。慶長八年故あって浪人し、のち福島正則に仕え、ついで常照寺を創建したとある。これが正しいとして、『土岐市史』と考え合わせると、森忠政が天正十三年から慶長五年正月まで明知を領有したのであろう。そして、その家老の林長兵衛は、天正十一年から慶長五年正月まで高山および明知にいたことになる。

天正十八年の小田原陣では、遠山利景は関東にいて、上総国で采地を領有した。慶長五年の関ヶ原の戦いでは、田丸具忠が岩村城に立て籠り、土岐(小里か)・明知の両城に兵を入れて石田三成方に味方した。利景は命令により小山を発して江戸に帰り、子息の方景とともに攻め上り、九月二日の暁に明知城を囲んだ。田丸方の山川左之助・原土佐守らが防戦したもののついに敗れ、利景は首級一三を得たという。利景は家康が尾張国熱田まで攻め上っていたところに駆けつけ、そのうち首級二をもって実検に備えたので、家康は上機嫌でこれを謝し、「いよいよ忠節を尽し、木曽美濃の士とともに岩村の城を攻めよ」との命令を与えた。

ところが、十五日の関ヶ原の戦いに三成方が敗れ、田丸具忠も岩村を離れて伊勢国浅間へ向かったので、戦いはなくなった。そこで利景は岩村城を受け取って守備し、その功によって本領明知を安堵された。その後、従五位下民部

少輔に叙任し、また慶長八年八月五日美濃国恵那・土岐二郡の内で六五三〇石余の朱印状をもらった。慶長十九年五月三十日、明知で卒去。年七十四、法名自休。龍護寺に葬る。

旗本明知家歴代表

	当主	継承	卒去	年齢	法名	出典
1	利景		慶長19・5・20	74	自休	寛政重修諸家譜
2	方景	慶長19・8	寛永13・6・4	64	玄栄	〃
3	長景	寛永15・9	正保2・6・8	62	玄忠	〃
4	伊次	正保2・12	延宝6・8・3	53	玄信	〃
5	伊清《これきよ》	延宝6・12	享保15・5・晦	56	了徳	〃
6	景昵《ちか》	享保15（養子）	寛保2・6・5		薫徹	〃
7	景逵	寛保2・9	天明4・4・6	62	玄劫	〃
8	伊氏《これもと》	天明4・7	天明7・12・10隠居 文政6・11・16没	79	智本	〃
9	景祥《すみ》	天明7・12	文化10・閏11・10	38	萬休	明知御陣屋
10	景珍《はる》	文化8・3	文政11・8・18	33	宗晴	〃
11	景高《たか》	文政12・7	慶応2・12・6	59	萬雄	〃
12	景福《よし》	慶応3・3	明治36・3・9	55	道白	〃

旗本明知家系図

- 遠山景成—景行
  - 景玄 勘九郎—一行 与助
  - 利景 勘右衛門—方景 勘九郎
    - 保景
    - 長景—伊次—伊清—景昵—景逵—伊氏《これもと》—景祥《かげすみ》—景珍《はる》—景高—景福《よし》

遠山金四郎系譜

- 遠山景廉—景朝
  - 景—某(苗木) 左近—友勝—友忠—友政
  - 景成—景行
    - 景玄—一行
    - 利景—方景
      - 保景
      - 長景
      - 景重—景光—景秀—景信

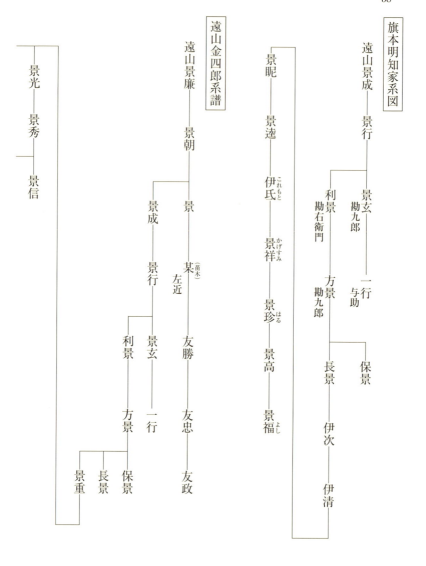

景次

景吉―景義―景信―景好―景晋《みち》
金四郎

景善
女子
景元
金四郎
左衛門尉

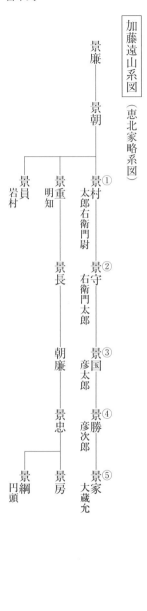

六　苗木氏

1　概要

『蔭涼軒日録』の長享二年（一四八八）の記述に従えば、景廉の子景朝に三子あるうち、長男景村が苗木氏（恵北家）初代で、二男景重が明知家を興し、三男景員が岩村家を始めたということになる。恵北家（仮称）は、初代①太郎右衛門尉景村のあと、二代②右衛門太郎景守、三代③彦太郎景国、四代④彦次郎景勝、五代⑤大蔵允景家と四代引き継がれていったという（「加藤遠山系図」）。

加藤遠山系図（恵北家略系図）

景廉―景朝
- ①景村（太郎右衛門尉）―②景守（右衛門太郎）―③景国（彦太郎）―④景勝（彦次郎）―⑤景家（大蔵允）
- 景重（明知）―景長―朝廉―景忠
  - 景房
  - 景綱（円頭）
- 景員（岩村）

この初代景村に「苗木祖」と注記を入れているのは名古屋市鶴舞中央図書館の「明治末名古屋市史資料」のうちの「恵那郡沿革考」一である。ただし景村から数えて八代をあげているものの、いずれも「加藤遠山系図」とは異なる名をあげている。先に掲げた⑤景家はだいたい室町初期、応永頃の人ということになろうか。応永七年(一四〇〇)の下文に見える櫛原円頭《くしはらえんとう》(景綱)と同世代の人に当る。これ以前の歴代は左京亮を名乗っていないが、『蔭涼軒日録』の長享二年(一四八八)八月二十一日の条に、季材の話として、

遠山に三つの魁がある。第一は苗木と号し、第二は明智と号し、第三は岩村と号す。此千貫許りの分限なり。苗木は左京亮なり。明智は加藤左衛門なり。先に是れ後藤佐渡守が話して云く、

遠山左京亮は政景と号す。昔田(俵)原藤太秀郷時代、加藤の子と云うものの後裔なり云々。

という文を載せている。苗木氏には左京亮を名乗る者が多かったという説である。私どもが今に残された史料から苗木氏を追うと、第一は苗木だといい、岩村は第三だというのは多分におかしいと思われる。加藤次景朝が岩村第一世であることは自明で、岩村は三男の景員に引き継がれた。二男景重が明知家を興した。苗木は鎌倉時代の分立でなく、南北朝期頃の岩村からの分家のように思われている。がしかし、鎌倉時代は女子にも相続権があり、男子は兄弟で平等相続制であったとすれば、何も長男が岩村領主とならなくてもよく、長男が苗木(恵那郡北部)を嗣いでも問題はないということになろう。恵那郡の北半を景村、恵那郡の南半を景重と景員が嗣いだと見る説である。かくて、景村の家が在地(木曽川以北)に足跡を残しているかどうかを探ると、恵那郡中野方村(現恵那市)の笠木山の心観寺鐘銘に行き当る。小川栄一氏の「三乃国虫見聞百話」三(『岐阜史学』一九五六年六月)に、

建武二乙亥年三月十日、

大檀那領主遠山加藤左衛門尉景村、美濃国蘇原荘安弘見郷中之方氏子安全、

という鐘の在ったことを記している。今のところ史料にみえるのは、この景村のみであるが、年代が合わない。このことは『生きている村中野方』(昭和四十三年)に安江赴夫氏も書いている。心観寺の建武二年(一三三五)の銘が正しい

とすると、苗木氏初代景村とは百年以上開きがあり、やはりその鐘銘の方に作為を感じる。

また鶴舞中央図書館の「恵那叢書」には、植苗木《うわなぎ》の広恵寺《こうえじ》跡の観音堂に、次のような墨書があるとする。

観音堂什物大般若箱書

濃州恵那郡苗木庄福岡村智源山広徳寺、夢窓国師二十八祖之弟子、当寺開山枯木紹栄禅師、観応元庚寅小春十七日、

大檀那広徳寺殿法海観公大禅定門、

大般若一百軸、

応永十癸未正月吉日

貞享五霜月十八日、致左之遺跡再誌写、

この場合は、法海観公が苗木氏かどうかもわからず、史料としては限定されたものである。誰もが①～⑤の歴代に何か痕跡は無いかと探しているが、今のところは手がかりは無い。

恐らくは応仁の乱の一環で、文明五年（一四七三）に信濃国松尾城主小笠原家長の侵攻をうけ、信濃に接する恵那郡でも特に木曽谷に続く恵那北部、つまり前期の恵北遠山氏が完全に制圧されたのではないかと思われる。恵北の遠山氏滅亡のあと、しだいに岩村遠山氏が勢力を扶植していったと考えられる。

2　苗木氏歴代

【遠山景村】苗木氏初代

『新撰美濃志』の恵那郡苗木の条には、

木曽川と霧中の苗木城

ある説には元亨建武のころ「遠山左衛門尉景村」薙髪ののち雲入と号す。始めてきづく。もと当郡の福岡村にありて高森の城といひしよしいへり。

とある。鶴舞本「遠山氏系譜」の景村の注記には、

一説、苗木ノ祖ト云ハ非ナルベシ、新撰美濃志云、一説ニハ、元亨建武ノ頃遠山左衛門尉景村、薙髪雲入、始テキヅク。元福岡村ニアリ、高森ノ城ト云シコレイヘリ、案ニ年代合ハズ、

としている。景村は景朝の子なので、父景朝が建長八年(一二五六)卒去の頃に活躍した人といえる。たしかに『新撰美濃志』の記述は年代が合わない。景村は鎌倉時代の建長頃に生きた人とみる必要がある。「遠山氏系譜」には景村に「遠山右衛門尉」としている。法名は「雲入」といったという。

【遠山景守】苗木氏二代

「遠山氏系譜」では「遠山右衛門太郎」としている。また、弟に美濃坊と左衛門五郎の二人があるとする。美濃坊は出家して天台か真言宗の僧になったのであろう。景守ら

は弘長～文永頃（一二六一～七五）の人であろう。

【遠山景国】　苗木氏三代

「遠山氏系譜」では「遠山彦六郎」と称したとある。弟に加藤七景久があるという。永仁～正和頃（一二九三～一三一七）の人だろう。

【遠山景勝】　苗木氏四代

「遠山氏系譜」では「遠山彦次郎」とある。建武年間（一三三四～一三三八）前後の人であろう。苗木家の菩提寺の一つ広恵寺は、この景勝か子の景家の代に建てられた可能性がある。それならば『中津川市史』が引用している「苗木記」の広恵寺殿法海観公大禅定門は、この人のことか。

【遠山景家】　苗木氏五代

「遠山氏系譜」では遠山大蔵とある。南北朝時代中期の観応～貞治頃（一三五〇～六八）の人であろう。以上の景家に至る歴代が果して苗木氏なのかどうかは何ともいえない。在地に苗木と遠山氏を結ぶ史料が全く残っていないからである。むしろ苗木ではなく北恵那遠山氏というべきかもしれない。当書では恵北遠山氏と略称した。

【六代目以降の苗木家】

「蔭涼軒日録」にいう遠山左京亮政景は、長享二年（一四八八）頃の苗木当主である。この当時はまだ植苗木《うわなぎ》の時代で、高森（現城地）に本格的築城がなされる前のことである。前期遠山氏（恵北遠山氏）の五代景家が応永頃（一三九四～一四二八）の人と見れば、政景はその曽孫ぐらいに当るだろう。さらに天文期（一五三二～五五）に活躍した一雲入道は、政景の孫ほどに当る。このような一番重要なところが一番わからなくなっている。

ある。

3　苗木一雲入道昌利をめぐって

「高森根元記」（千早保之氏解題『苗木の伝記』苗木遠山史料館、平成二十四年）「苗木の由来」のところに、次のようにある。

元弘建武の頃、遠山一雲入道、居城は広恵寺峯に有り、一雲は法名なり、未審。考える可し。長男加藤左衛門尉景長父子住居也、又、天文年中に到って正廉朝臣、高森を築いて植苗木はもって古跡の地となる。其の名を呼びて苗木と号す。其の跡を名づけて福岡村と曰う。故に此の村上、今に植苗木の地有り、古城山尚存せり。評に曰う。今植苗木を以って宇和苗木と呼ぶ。苗木は古語を知らずして、古より斯くの如く有により云う欤。

ここでわかるように、遠山一雲入道昌利という人は、子息の左衛門尉景長と共に広恵寺の峰（広恵寺城）に住んでいたという。そして、昌利という名は入道名であるから「ショウリ」と音読みしなければならず、マサトシと読むことはできない。出家前は和名の「景□」あるいは「□景」というような名で呼ばれていたというふうに認識しなければならない。また、遠山氏は必ずといってよいほど実名の一字は「景」を使っている。

さて、昌利という人は遠山景長の父ということだから、「遠山氏系譜」では景重その人ということになる。景重は明知家の祖とされており、鎌倉時代の人ということになる。それでは古すぎるので、やはり昌利はこのような系譜上の人ではないと思われる。

次に高野山宝憧院宛の昌利書状が先掲の『苗木の伝記』に載せられているので転載する。

〔史料1〕

今度小坂坊被仰事付《ことづけ》に付て、左衛門尉かたへ蒙仰候、如前々極楽院之儀、此方宿坊無紛候、然上者、向後小坂坊師壇の契約申談事、有間敷候、猶御使僧口上令申候、恐々謹言、

十二月六日　昌利（花押）

宝幢院

極楽院参御同宿中

つまり、「小坂坊が左衛門尉方を通じて事付けをした」という中に、左衛門尉が出てくる。この左衛門尉というのは岩村遠山氏を指している。ただ岩村家の誰に当るのかはわからない。時は天文年間（一五三二～五五）のものであろう。その頃であれば、遠山左衛門尉景前に当るのではなかろうか。であれば、「高森根元記」がいうような、昌利は元弘・建武の時代の人ではないことになる。

なお昌利の妻は天文八年（一五三九）六月二十七日に病気で亡くなり、七月一日に私宅で葬儀が行われた。「明叔録」禅によれば、法名は月堂祐心禅定尼といい、導師は大円寺の明叔慶浚がつとめた。妻は七十歳で亡くなり、七日後に初七日忌も明叔が執行した。法語の中に特筆するようなことは述べられていない。

4　天文末～弘治元年の苗木

昌利の頃から十年ほど降った天文後半期に苗木氏の名がみえるのは、苗木武景である。天文二十一年（一五五二）のこと、旅芸人とともに上洛し、近江を巡った。武景は遠山氏の中子（三兄弟の二人目）で、苗木氏に入っていた人で、近江からの帰途伊勢の海上で賊船にあって殺害された。そこで大円寺の明叔慶浚が天文二十一年七月中旬に、法要の導師をつとめたことが、「明叔録」禅にみえている。

これより前、天文十四年になると、甲斐の武田晴信（信玄）が信濃伊那谷へ侵攻してきた（『木曽福島町史』）。天文十七年には伊那の高遠が晴信方の手に落ちた。翌十八年には武田方が鳥居峠で戦い、木曽路へ入ってきた。天文二十四年(弘治元年〔一五五五〕)には、ついに木曽義康が晴信の軍門に降った(『木曽福島町史』)。その木曽氏に出した晴信の手紙があるので紹介する。

〔史料2〕

就高森之儀、□□□預御飛脚候、祝着仕候、諸□御吟味方相調、城中堅固之由肝要候、依尾州・井口、只今対今川方当敵之儀候、晴信駿州へ入魂之事は可有御存知候欤、若高森之城、尾州・井口へ有御渡は無由候、其御分別尤候、猶自甘利藤三所可申候、恐々謹言、

追て御用之子細候間、以□寿美作守申上候、□□心可□□□□、

九月廿六日　晴信花押

木曽中務大輔殿

(『甲子夜話』続編)

この文書の高森とは苗木城の前身の名で、現在城跡がある高森山を指している。その前の植苗木《うわなぎ》から高森山へ城が移ったあとのことである。晴信は弘治元年に木曽氏を勢力下に組み入れた。また文中にあるように、尾州(織田信秀・信長)と井口(斎藤道三)とが同盟関係にあったのは、信長へ道三の娘濃姫(奇蝶)が嫁した天文十八年から、義龍と道三が対立するようになった弘治元年冬までの間である。それで、この文書は弘治元年九月以外にあり得ないといえる。

高森城主の遠山氏(左近助元廉、直廉)が尾張や井口と通じたら、尾張が今川氏と対立している今日、晴信は今川と同盟しているので大変困るから阻止してほしい、との内容である。この翌年の弘治二年四月二十日に道三が義龍に討たれて、井口と尾張は対立抗争関係になったため、高森(苗木)が井口と通好しても、かえって信玄にとっては都合がよくなった。それで、信玄—木曽氏—苗木—金山(長井隼人佐)—井口という同盟ラインが成立することになったので

ある。

5　永禄年間の苗木城

この同盟ラインに、さらに土岐久々利氏が加わっていた史料があるので紹介する。

〔史料3〕

一、岡崎退治の籌略をめぐらすへく候也、この所、下条弾正半途へ越、岡崎より使之者を招、密談尤ニ候、若不審候ハ、氏真よりの書状披見として、半途江差越へき旨、急度可被申越之事、

一、久々利江之俵子、先五百俵相移候哉、重而五百俵必可移候、人足者高遠より下、飯田より上之人夫にて、信濃境迄遣へく候、其より久々利へは苗左兄弟之領中より、人夫相催運送あるへき旨、兼而理へき事、

(後筆)「是ハ永禄六年、今川氏真と家康公御手切之時、氏真より信玄を頼み、調略之時、信玄自筆ニ而、本書に宛所不見」

(『戦国遺文』武田氏編)

この信玄書状断簡は、これを収めた「水月古鑑」の編集者が永禄六年(一五六三)のものと判断している。徳川家康が今川氏真と手を切って、信長と同盟したのは永禄五年で、同六年三月には、家康は小坂井砦で今川方の牛久保・吉田城と対峙した(『駿河の今川氏』第三集)。したがってこの手紙は永禄五年もしくは六年のものに相違ないと思われる。

久々利への加勢の城米五〇〇俵を、信州高遠から飯田までの人夫を徴発して美濃の境まで届け、そこから久々利へは苗左(苗木の遠山左近助直廉)兄弟の領中つまり岩村・苗木の人夫で運送するようにと信玄が命じたのである。冒頭に掲げた長井隼人佐宛信玄書状に続く史料である。

久々利城の当主は土岐三河守であろう。父は恐らく遠山氏から養子に来た人で、天文十九年(一五五〇)五月二十八日に亡くなり、興聖寺殿前三州太守雲渓龍公大禅定門と諡《おくりな》され、高野山へ位牌が納められた(高野山常慶院「遠山御氏御先牌写」〔『明知御陣屋』乾、所収〕)。その子の代になっても、久々利氏は遠山氏と親しい関係が続いたことは間違いない。

次に信玄が苗木の遠山左近助に宛てた手紙を載せる。

〔史料4〕

急度以飛脚申候、仍益田江被出入衆候、尚以於爰者無疑心候、雖然昨日自飯富三ノ兵所如注遣者、去十三日当手之衆、至国中乱入之由候、此刻無用捨飛州へ越境、片時も可被相急候、但其方者越跡部伊賀守口上候、半途全面尤候、御人衆者大略飛州へ可被相立事、可為本望候、恐々謹言、

七月十五日　信玄(花押)

遠山左近助殿

(苗木遠山史料館所蔵)

これにより、遠山左近助が信玄の先方となって舞台峠(大威徳寺がある)から飛騨の益田郡へと進軍したことが想像される。上杉輝虎(謙信)と手を結ぶ三木《みつき》氏を攻めるためであった。三木氏は防戦につとめ、結果的には苗木軍を押し戻したようであるが、武田氏としては当面飛騨から恵那郡域へ侵入されるのを防止したという点で意義ある戦であったといえる。なお、この文書の中に飯富三ノ兵の名がみえる。飯富一族は、永禄八年から十年にかけての信玄・義信父子の争いの際に、真っ先に信玄の制裁を受けているので、この文書は永禄七年のものであろう(拙著『武田信玄と快川和尚』戎光祥出版、二〇一一年)。

この年永禄七年十月には、長良崇福寺の快川紹喜が信玄に招かれて甲州恵林寺へと向かった。その時、長井隼人宛

に信玄は次のような手紙を書き、道中の安全を頼んでいる（岐阜市・崇福寺所蔵）。

〔史料5〕

（封紙ウハ書）「長井隼人殿　　信玄」

先日者、陣中へ飛脚祝着候、仍越後衆敗北之已後、至上州出馬、如存覃行帰府、別而入魂候条、定而可為大慶候、随而崇福寺快川和尚、為恵林入院、当国へ来臨候、路次中伝馬以下馳走、偏ニ憑入存候、恐々謹言、

十月四日　　信玄（花押）

長井隼人殿

長井隼人佐は、美濃国内の街道について、伝馬等の継立てを円滑に行うための指揮権限を有していたのである。

また、『戦国遺文』武田氏編一の永禄七年条に、次のような武田信玄書状が収められている。

〔史料6〕武田信玄書状（堅紙）（尊経閣文庫所蔵『武家手鑑』）

今度万可指越候処、尾州金山江其方入魂之由候、誠令安堵候、仍越後衆信州へ出張之由候間、実儀者、乗向可遂一戦候、為嘘説者、以次越府江可及行候、傍々不図出候、約束の鉄放衆五十人、急速ニ加勢憑入候、万可如申者、苗左（苗木左近助）可有出陣様ニ支度之由候、於志者不浅次第候、雖然候自井口金山へ揺之由聞及候条、必苗左出陣延行尤候、恐々謹言、

六月十三日　　信玄（花押）

遠山左衛門尉殿

同左近助殿

この手紙が永禄七年に比定されているのは、越後の上杉謙信が信濃へ兵を入れるとの風聞のあることを武田信玄が

この手紙に書いているので、永禄七年としたものと思われる。ところが、永禄七年当時の金山城は、長井隼人が城主であった。御嵩《みたけ》町顔戸《ごうど》の八幡神社棟札に永禄八年四月十三日のものがあり、「代官長井隼人佐」と書かれており、「明知庄」代官であった（『兼山町史』に全文収録）。顔戸は金山城のごく近くに在り、少なくとも永禄八年四月までは金山城主が長井隼人佐であったことは間違いない（棟札は私も調査したことがあるが、その後、雷火で焼失した）。

〔史料7〕御嵩町顔戸八幡神社棟札

（表）

対聖主天中天　迦陵頻迦声　同棟上卯月十三日　辰刻　明知庄小代官

奉上葺八幡宮一宇　永禄八乙丑卯月十三日　代官長井隼人佐　結縁衆

対哀悠衆生者　我等今敬礼　同郷遷宮卯月十三日　戌刻

河村七右衛門尉
同　七　郎　鍛　冶　等
同　小　伝　次
高　木　徳十郎　小川次郎右衛門尉　敬白
河村太郎左衛門尉
大工　藤原家重　小　工　等

（『兼山町史』）

また文中の「尾州」とは尾張の織田信長を指している。永禄七年頃の金山（長井隼人佐）と尾州（信長）は敵対関係にあった。岩村の遠山左衛門尉（景任）と苗木の左近助（元廉）とが金山と尾張の両方に入魂になるのは、もう少し後のことでなければならない。金山城主が長井隼人佐から森可成に代わるのは、永禄八年八月の信長による堂洞城攻めなどの中濃攻略戦後のことである。森長可が金山の城主になるのは、『森家先代実録』や『金山記全集大成』でも永禄八年である。

したがってこの手紙が書かれたのはそれ以降の六月、つまり永禄九年六月十三日以降であると見なければならない。また、文末に「井口《いのくち》より金山へ攻め寄せる」との情報を書いており、井口とは岐阜に改称する前の稲葉山城下を指す。井口より金山へ攻め寄せるということは、斎藤龍興が森可成を攻めるということであり、永禄八年九月以降でかつ永禄十年九月六日の信長による稲葉山城攻略以前でなければならない。

つまり、この手紙は永禄九年六月十三日か永禄十年六月十三日のものとなる。信長は、永禄八年の冬以降、武田信玄と友好的になり、苗木遠山氏から信州伊那の高遠にいる武田勝頼へ女性を嫁がせた。信玄が信長と手を組み、一方では駿河の今川氏真とは疎遠になってゆく。信玄の嫡男・義信の妻は今川義元の娘であるから、信玄・義信間の不和にも発展してゆく。金沢市立図書館の「加越能文庫」にある「多賀鵜文書」四には、次のような武田信玄の手紙がある。

〔史料8〕

態音問祝着候、仍以飯富兵部少輔所行、信玄・義信間可相妨隠謀露顕候条、即加生害候、父子間之事ヲ以、未無前条候、可心易候、恐々謹言、

十月廿三日　　信玄御判

小幡源五郎殿

先に掲げた遠山宛信玄書状（史料6）は、このような壮大な範囲で戦国大名の勢力図版が急速に動いていることを示すものでもある。

私は「中世末の苗木城と苗木氏の動向」（『美文会報』二七〇〜二七二・二七五、平成二・三年）と題する論考に書いた

ことがある（本書第十章）。相当前のことで、それにも史料を掲載しているし、史料5は従前から知られていたので、今回新たに掲載したものは史料3・6・7の三点のみである。わずか三点の文書に過ぎないが、この時期に新史料が登場したのは奇跡的といえるであろう。

これら新出文書等によって、久々利氏が長井隼人佐と組んで武田連合の一員となっていたことが判明した。また、『戦国遺文』武田氏編に関係史料があることを知るきっかけが、苗木遠山史料館の千早氏からの教示であったことを特記し、謝意を申し上げる。

久々利氏は、永禄八年に信長が中濃地域を平定し、森可成を金山城に入れると、表面的には信長に帰順した。そして天正十年三月には、子の久々利於亀《おかめ》を信長の小姓に差し出すまでになっていたが、永禄・元亀の頃は信玄にもひそかに通じていた可能性があり、それは美濃国郡上郡の遠藤氏同様、両刀作戦は弱小豪族にとってはやむを得ない生き残り戦術であった。

6　天正前半期の苗木城

元亀四年（一五七三）四月、苗木城主遠山元廉が死んで遠山苗木氏が断絶した。そして岩村の北三キロメートルほどの飯羽間《いいばま》村に居た遠山久兵衛友勝が、信長の支援をうけて苗木城へ入ったという。『寛政重修諸家譜』の遠山友政（苗木藩主）の系図では、友勝の父某に次のような注記がされている。

某左近、
美濃国苗木の城に住し、織田右府（信長）に属す。左近死して嗣なきにより、右府其親族友勝をして遺跡をつがしむ。

千早保之氏は「遠山友政公記」(平成二十二年)の中で、苗木遠山氏十一代遠山友寿の「覚秘集」を引いて、

景明 ┬ 景秀
　　 └ 景義 ― □□ ― 友勝

という系図を載せている。また、

遠山友勝　久兵衛、左衛門佐、元亀元年夏卒、
　実は岩村第六世　大和守景明の二子、飯羽間城主宮内少輔景義の孫、同城主飯間(飯羽間)孫三郎(国景ともいう)の子、

とあるという。

また、「遠山氏系譜」には、遠山友勝に「実は三淵大和守の男」とあり、遠山氏へ養子に入った人であった。千早氏も同書で、武田派の遠山直廉・景任兄弟がいる中で織田派の遠山友政が存在できたかという疑問を投げかけている。

私も、武田色が恵那郡から一掃された天正三年(一五七五)以後でないと苗木城主友政の入城は叶わなかったのではないかと思う(天正十一年まで在城)。

その間、つまり直廉卒去直後のことであるが、木曽義昌は武田勝頼方として勝頼側に近く、無城主となった苗木城の占拠を目指していた。その時の史料を掲げる(鶴舞本「恵那郡沿革考」二、田立《ただち》の条)。

木曽殿伝記ニ云、田立之塞ニ原平左衛門差し置かれ、濃州調略馳走の旨、加恩を賜う、
　今度何折籠屋(今案ニ屋ハ居ノ誤欤)之調略、神妙ニ候、為加恩、於坂下ニ五貫地出置候、苗木成就上、場所聞届可申付者
　也、如件、
　　元亀四癸酉年八月廿四日　　義昌

原平左衛門殿

『新撰美濃志』の苗木の条では、友政の出自について次のように記している。

「遠山左近」は中古の城主なり。その嫡子「遠山勘太郎」永禄の頃、苗木勘太郎といふは天正の頃まで在城す。

「遠山久兵衛友政」は勘太郎の跡の絶へたるをつぎ、木曽の明照山（恵那郡手金野村の明照山とは別らしい）より移り住めり。天正十五年当城を退去すといふ。金山記には「遠山久兵衛尉木曽義昌に与し、森家に敵対する事ありければ、武蔵守其遺恨により、天正十一年五月、金山より軍兵数千騎を発し、苗木を攻めければ、遠山禦ぎ得ず打負け、五月二十日累代の居城を退去し、上野の館林に至り蟄居せし」よししるせり。

このように、友政の出自についてはいろいろの記述がある中で、元亀四年に木曽義昌が「苗木が成就したら（完全にこちらの物になったら）原氏に与える」と約束したことと付合し、友政は天正三年から天正十一年五月まで、ほとんどの間、武田氏のもとで木曽氏の輩下として苗木を守ったと見るのが最も自然のような気がする。

天正十一年に森長可に攻められて友忠・友政父子は信濃の伊奈へ落ちのび、翌天正十二年五月十二日に友忠が亡くなったようである（「遠山友政公記」）。

友政は家康に従って、浜松から駿河に居所を移し、そして天正十八年の小田原攻め後の友政は、上州館林の榊原康政に五〇〇石で仕えた（客分）。苗木城主に返り咲いたのは、慶長五年の関ヶ原の戦い以後のことであった。

7　森氏在城時代

森長可に従わない遠山友忠・友政を、長可は天正十一年（一五八三）五月、林新右衛門・大塚次右衛門に命じて攻略させた（『中津川市史』）。領主は森長可に代わったが、天正十二年四月の小牧・長久手の戦いで討死したため、その弟の森忠政になった。

忠政の支配は、慶長四年（一五九九）の川中島転封（実は五年二月）まで続いた。

鶴舞中央図書館蔵『恵那叢書』の「恵那古城志」では、

○苗木城　苗木村ニ在、

「本城は原名高森城と云ひ、大永年間、上苗木の城主遠藤《（ママ）》山昌利入道一雲、明治三年廃城となれり」として、城主歴代を掲げている。遠山昌利入道一雲・二世遠山左衛門尉景徳《かげやす》、遠山駿河守直廉・遠山友勝・遠山友忠のあとに、

○関治平治景　森長可ノ族

を挙げ、ついで遠山友政以下を掲げている。とすれば、天正十一年から慶長四年の間の十六年間の苗木城主は、この関治平治景ということになる。

8　川尻秀次と苗木城

川尻秀隆には嫡子直次があった。直次は秀長ともいうとある。次男は鎮行《しげゆき》である（岐阜県坂祝《さかほぎ》町の長蔵寺墓碑銘）。しかし、秀隆の長男は肥前守秀長で、二男が直次とみられる。父の死後、秀長は石田三成の推挙で豊臣秀吉に仕えた。天正十二年（一五八四）の小牧・長久手の戦いに兵一〇〇名をもって参加。天正十四年の方広寺大仏殿の工事では奉行をつとめた。そして天正十五年の九州遠征に兵一五〇で参加。この頃に与四郎から肥前守に進んだ。ついで、天正十六年四月の後陽成天皇の行幸に御供した。天正十八年の関東・奥州征討の際の兵は一五〇であった。秀吉の朝鮮出兵では、文禄元年（一五九二）、肥前名護屋に駐屯した。そして慶長五年（一六〇〇）二月に苗木一万石を拝領した。摂津に飛地があり、また同国豊島郡の代官も兼ねた。

慶長五年の関ヶ原の戦いでは、西軍に属して大坂警備に当り、伏見の戦にも参戦した。関ヶ原の戦いでは戦に利なく討死した。

なお、秀隆には、秀長・肥後守直次の二人の子のほか、岐阜県坂祝町の長蔵寺に墓のある与兵衛鎮行がいる。『寛政重修諸家譜』によれば、鎮吉《しげよし》（秀隆）の二男として見えている。鎮行は関ヶ原の戦い後に家康に召されて旗本になったという。あるいは鎮行は秀隆の庶子かもしれない。

七　近世の苗木城

1　遠山友政とその子孫

遠山久兵衛友政は、久兵衛友忠の子である。友忠は、はじめ飯場城主といわれ、元亀元年（一五七〇）から天正十年（一五八二）の武田攻めまで、『信長公記』のところどころにその名が見える。元亀三年の苗木城主遠山直廉の卒去と、天正三年の信長軍による武田氏からの岩村奪取をうけて、苗木城主になったようである（前述）。それ以前の苗木久兵衛は、信長に美濃衆として随身し、元亀元年九月に川尻与兵衛らとともに比叡山攻めに加わっている。

武田勝頼は長篠の敗戦、岩村城の失陥によって、恐らく苗木城からも手を引いたのであろう。そこへ信長の命令で入城したという図式が考えられる。その後、友政は、天正十一年に森長可に攻められて落居し、友政が再び苗木城主に帰り咲いたのは、慶長五年（一六〇〇）九月の関ヶ原の戦い後である。友政は、関ヶ原の戦いの時、苗木・岩村攻めに加わり、旧領である一万五〇〇余石と苗木城を家康から与えられた。そこで友政は城の近くに菩提寺、雲林寺を建て、臨済宗妙心寺派の夬雲玄孚《かいうんげんぷ》を開山和尚に招いた。友政は、はじめ八百津町の大仙寺から維天継縦《いてんけいしょう》を招くつもりであったが、維天が固辞したため、夬雲が招かれた。その後、代を重ねて、十二代友禄《ともよし》（友祥《ともあき》）の時に明治維新を迎えるまで、苗木城主の遠山氏は続く。

この遠山氏が、雲林寺と同様に八百津町の大仙寺と師檀の関係を有するようになったのは、いつ頃のことであろうか。大仙寺の過去帳などにはその記載がない。文書からは、友政が亡くなった元和五年（一六一九）から百五十年ほどを経た大仙寺十三世芳山祖海の遠山家江戸屋敷火災見舞状が、最も早い時期のものと思われる。ただし、初代友政と大仙寺の関係をみれば、苗木氏と大仙寺の関係は初代から続いていたかもしれない。

2　苗木遠山家と大仙寺

大仙寺の芳山は、寛延三年（一七五〇）から明和三年（一七六六）の間、大仙寺住職をつとめた。見舞状はこの芳山から遠山家の宮地多門と小川政右衛門に宛てたもので、芳山は「江府屋敷類焼」を知ったので、飛脚を出してお見舞いするといっている。

宝暦三年（一七五三）八月には、同年六月一日に遠山佐渡守（八代友明）が死去したことにつき、弔いとして大仙寺の芳山から雲林寺へ使僧をもらったので、江戸表の出羽守（九代友清）へ伝えたところ、御礼を申し上げよとのことなので伝える、といっている。手紙の差出人は加藤七左衛門勝周・鈴木主馬長峯・宮地多門正今・曽我江右衛門祐虎の四人である。

安永六年（一七七七）十一月三日には九代出羽守友清が亡くなり、甥の近江守友道（友随）が十代となった。時の大仙寺住職康林《こうりん》祖寧《そねい》は、その牌前に使僧を遣して代参させ、一品のお供えをした。それで、遠山家としては、重臣纐纈与右衛門長員が、二月晦日付けで青銅二〇〇疋を添えて大仙寺宛礼状を出している（大仙寺文書）。そして、同年六月十五日には、友道の初めての入部（江戸から苗木への入城）の際、纐纈与右衛門・陶山登・太田内匠・宮地藤兵衛宛に康林が手紙を出して祝詞を述べている。翌日には、纐纈与右衛門長員は単独で、宮地藤兵衛正長と太田内匠友武は連署で、大仙寺へ近江守友道入部祝詞の礼状を出している。友道自身は、料紙二〇帖を添えて、十月十五日に大仙寺宛礼状を書いた。

康林は、寛政四年(一七九二)十二月二十一日の友道卒去をうけて、十一代となった美濃守友寿に、蜂屋枝柿一箱を添えて祝詞を述べた。これに対して遠山家では、伊藤隼人助員が大仙寺へ礼状を書き、杉原(紙)二〇帖を添えて贈るとともに、使僧に一〇〇疋、供の下人に三〇疋を渡したと述べている。その後は、寛政十二年に大仙寺と遠山家の交流の方式を書き留めた覚書が残るのみであるが、明治維新までは、代替わりごとに何らかの交流があったのであろう。

なお苗木領は、明治維新時に廃仏棄釈が激しく、雲林寺は取りこわしにあって、文書類はほとんど残っていない。また、近世苗木藩政については、地元の後藤時夫氏が著した『苗木藩政史研究』(中津川市、昭和四十三年)がある。

近世苗木家略系図

- ①友政　久兵衛　雲林寺殿　元和五没
  - ②秀友　刑部少輔　寛永十九没
    - ③友貞　信濃守
      - ④友春　和泉守
        - ⑤友由　伊予守　享保七・四没
          - ⑥友将　豊前守　享保七・六没
        - ⑦友央《ともなか》　和泉守　明和九没　友春二男
          - ⑧友明　佐渡守　松平頼明三男　宝暦三没
            - ⑩友随《ともより》　近江守　安永六相続　文政四没
          - ⑨友清　和泉守　寛政六没
            - 友福　和泉守
              - ⑪友寿《ともひさ》　美濃守　天保九没
                - ⑫友禄《ともよし》(友祥《ともあき》)　天保十二相続　明治廿七没

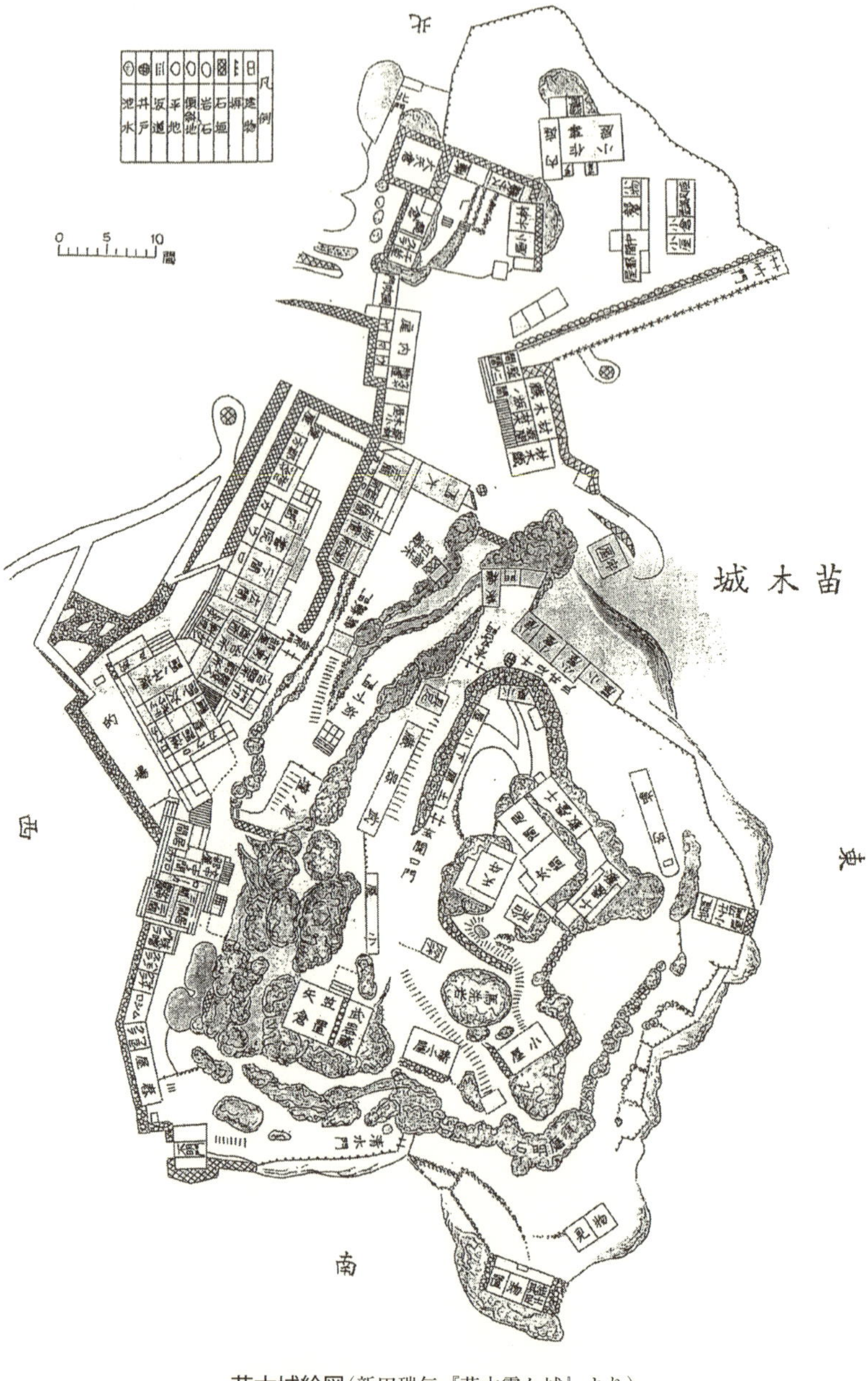

苗木城絵図（新田瑞気『苗木霞ケ城』より）

八　遠山延友氏

岐阜県安八郡安八町名森の浄満寺鐘銘（太平洋戦争時に供出のため現存せず）に、

　濃州加茂郡笠木山大権現新寄進、
　本願　延友新右衛門尉　藤原景延
　領主　遠山左衛門尉　藤原景前
　天文十一稔壬寅十一月念日

（『稿本恵那郡史料』『名森村史』）

とあり、天文十一年（一五四二）に笠木山（恵那市）近くの延友新右衛門尉景延の寄進で鐘が成ったことを知る。景延は恐らくは遠山氏一族で笠木山近くに分家をしていたのであろう。銘文によれば、本家は遠山景前であろう。今のところその詳細は闇の中であるが、ここに紹介した鐘銘によれば、延友氏は藤原姓で、土岐源氏の一族ではなさそうである。また実名に「景」の字を用いており、土岐氏の一族というよりは、遠山氏の一族であることを示している。

　この天文十一年から三十年後の元亀三年（一五七二）には、信玄による攻撃があった。信玄による小里《おり》・明知・岩村再占領作戦に伴う追い落としである。この時、延友氏も、本家岩村とともに信長方であったため退去を余儀なくされたのであろう。また恐らくは景延の子が佐渡守なのであろう。佐渡守は本拠地を追われたあと、以下のように信長・信忠父子から日吉と釜戸本郷とを知行にもらっている。

〔史料1〕美濃延友佐渡守宛朱印状（「上原準一氏所蔵文書」『織田信長文書の研究』上）

今度岩村之儀、無是非題目候、雖然其方事無疎略覚悟之通神妙候、仍日吉郷・釜戸本郷令扶助候、弥忠節簡要候、恐々謹言、

元亀三

十一月十五日　　信長（朱印）

延友佐渡守殿

〔史料2　参考〕延友佐渡守宛織田信重判物案（「上原準一氏所蔵文書」讃岐〔『織田信長文書の研究』上〕）

岩村逆心之刻、其方忠節段、日吉・釜戸本郷、信長如朱印、知行不可有相違候、恐々謹言、

天正元

九月六日　　信重（織田信忠）

延友佐渡守殿

この佐渡守は、信長の命令を受け神篦城《こうのう》（瑞浪市の鶴ヶ城）を拠点として再び活躍を開始する。佐渡守の嫡男半左衛門は、天正九年（一五八一）十月の東三河の牧野伝三の起請文に、奥平喜八郎とともに宛先きとなっている（『北設楽郡史』）。翌年の信長による甲州攻めに先き立って奥三河方面で準備が進められており、その一環であろう。天正十年六月の本能寺の変後、秀吉に味方する森勝蔵（長可）に佐渡守父子は与力《よりき》することになり、天正十年と思われる極月二十一日付けで、秀吉・長秀・池田恒興から父子宛に連署状をもらっている。半左衛門は美濃の加治田（富加町）へ向かい、山下（城下町）で戦って放火し、長沼藤次兵衛を討って、その他にも多くを手負いさせた。東方《ひがしかた》（延友側）にも少々手負いが出たことなどを半左衛門が長可に報じたので、長可がこれをねぎらっている。ついで半左衛門は岐阜へ向かい、守備に就いたことを佐渡守宛に秀吉が報じている。

天正十二年三月に起った小牧・長久手の戦いでは、十月になって、佐渡守宛に家康が手紙を出し半左衛門が討死したのは残念とのおくやみを伝えた。佐渡守は神篦城へ戻り、そこで家康に味方することになって、三河へ移ったのだろう。延友氏と美濃の縁はこれで切れ、半左衛門の弟の茂兵衛が跡をつぎ、子孫は松平讃岐守(大名)に仕えて遠山卯兵衛を襲名した。

九　菩提寺の盛衰

1　大円寺

【大円寺の概要】

大円寺は、美濃国の東端・恵那郡に在った。過去形なのは、廃寺となって久しく、今は跡が残るのみだからである。寛延四年（一七五一）の『巌邑誌』には、

城府北効に大円寺の故趾あり、俗に大藪というはこれなり。もと皆富田の郷であり、承応年中（一六五二〜五五）城主の丹羽氏定が天神社を建て、その棟札に「富田郷大円寺村天神宮」と書いた。竹林の中に石階・石垣が今なお存す。又古塔あり。

と書かれている。ただ、美濃国内の多くの五山派寺院と異なり、中世末に妙心寺派として再興されながらも、また、廃亡したという特殊な歴史を有している。

さて、大円寺は、恵那郡の山中に忽然と寺が建ったのではなくて、恵那郡の地頭であった遠山氏の菩提寺として建てられた。『岩村町史』（昭和三十六年）もそのようにみている。しかしながら、遠山氏は初代を加藤次景廉といい、源頼朝から恵那郡の大半を占める遠山荘ほかの地頭職を拝領したことに始まり、その子景朝が遠山荘を相続し、以後、岩村・明知・苗木（恵北）その他に分与相続されていった。『岐阜県史』史料編古代中世補遺に、年月日不詳の「近衛家所領目録」がみえ、恵那郡では、

岩村郷・苗木郷・手向郷《とうげ》(明知など)が近衛家領であったことがわかる。この三郷を主体とする遠山荘の成立が平安時代までさかのぼるとみれば、この荘園に対して景廉が平安末に地頭職を拝領したことになる。

『岩村町史』でも諸系図を比較して種々検討されているが、景廉・景朝以降の中世前期の遠山氏の確実なことは、ほとんど把握できなかった。本書第一章に述べたように、その後、昭和五十三年に名古屋の蓬左文庫で発見された「諸士系図」に、良質な「加藤遠山系図」があり、網野善彦氏が「加藤遠山系図について」(小川信編『中世古文書の世界』吉川弘文館、平成三年)と題して発表されたことにより、大円寺創建期に重なる建武期の遠山氏についても大略わかるようになった。

それによれば、岩村遠山氏のその頃の当主は、景明(左衛門尉、大和守)か、その子景秀(太郎左衛門尉、大蔵少輔)の頃とみられる。景朝から景員・景資・景茂・景明と五代ほどを経たことになろう。景明・景秀の代に大円寺が創建されたとなると、それ以前の遠山氏は何を信仰していたのであろうか。『岩村町史』によれば、岩村町北部に極楽寺遺跡があり、ここから多数の遺物が出土するという。次のように述べられている。

鎌倉の初め遠山庄の中心として岩村に城が置かれ、遠山氏がここに住んだということは、ここが要害の地であったということの外に、この地に文化的、経済的に或程度の発達がなされて居り、聚落があったに違いない。

伝説によると山上村の邑長《むらおさ》が景廉を迎えたと伝えられるが、山上村にそれだけの基盤があったかどうか、考古学的に見て、極楽寺の遺跡、そしてその地続きである山上地方の集落に、その関係を明らかにしてみたい。極楽寺という寺はいつ創立された寺か明らかでないが、遺物から考察すると平安末期頃から存在し、室町初期頃まで存在した寺と考えられる。その夥ただしい出土品から見て相当繁栄した民衆寺であったことが想像される。大円寺の遺物と比較して遙かに豊富であるから、大きな寺でありこの寺を中心とした山上部落も優勢な聚落であったことを思い、そういう力が岩村に城を築き、遠山庄たる恵那郡全円の中心本所としたものと考える。

この文からも読みとれるように、鎌倉初期に景廉もしくは景朝が、現在の岩村城の地に城を築いたとされていて、何の疑いも持たされていないようであるが、こうした天嶮の山に城を構築するようになるのは、少なくとも南北朝の動乱期に入ってからのことと思われる。景廉・景朝が岩村へ入部した頃は、極楽寺の近くの山上村の平地に居館を構えた可能性が強い。そして、常陸国の佐竹氏が領下の極楽寺に帰依したように、遠山氏も分根《わけね》の丘陵に極楽寺を招いたのではなかろうか。

【大円寺の創建】

大円寺は、臨済宗五山派の内、大応派祖・南浦紹明《なんぽじょうみん》の直弟・峰翁祖一《ほうおうそいつ》を開山として、岩村の地に創建された。本末の関係は、京都南禅寺栖真院の末寺として大円寺があり、大円寺の末寺として但馬の大明寺《だいみょうじ》、伊予の善昌寺と大通寺がある。大明寺の末寺に岐阜県各務原市鵜沼の大安寺があった。

『岩村町史』は、建武年間に峰翁が大円寺を創建したというが、『峰翁和尚語録』をよく検討してみると、実際の創建は十数年新しく、貞和三年(一三四七)頃のことであったとみられる。いずれにしても、南北朝前期の開創であることにはかわりがない。恐らくは現在の城地に岩村城を築いたと思われる遠山景明か景秀の寄進建立であったのだろう。

また、大円寺は岩村・明知・苗木など遠山氏全体の寺であったとされるが(『岩村町史』)、苗木家は中津川市福岡町植苗木に菩提寺として智源山広恵寺《こうえじ》(廃寺)があり、夢窓疎石の弟子枯木紹栄《こぼくしょうえい》が開山となって、観応元年(一三五〇)十月十七日に入寺したといわれる(『福岡町史』)。明知家についても恐らくは領内に菩提寺を建てていたと推定されるので、大円寺を遠山氏全体の菩提寺とするには無理があると思われる。

【官寺の指定へ】

開創から六十年以上を経た応永十七年（一四一〇）に、将軍足利義持が、進叟性勝《しんそうせいしょう》を大円寺住職に任命するという職状が出されていて、この時すでに室町幕府の官寺である諸山に指定されていたことを知る。いつの指定かはわからないが、この少し前のことと思われる。岩村遠山氏では太郎景興か六郎太郎景重の代に当たるのではないか。指定に当たっては、遠山氏のほか美濃守護の土岐頼益あたりも尽力したのであろう。

【妙心寺派となる】

大円寺は、天文初年かその少し前に兵火に罹ったという。このことは、『岩村町史』にはみえないが、内閣文庫本「明叔録」に、

> 東濃大円禅寺、蓋し正宗大暁《しょうじゅうだいぎょう》禅師の挿草也、寺は兵火に罹り、礼楽して亦廃したり。斉しく忍ばず、国の寺僧瑞吟《ずいぎん》蔵司は、一日衆に謀り、再興せんと欲す。時の強き檀命によって、天文三年六月中旬に、山僧（明叔）をして視篆の羽儀《うぎ》を刷《きょ》めしむ。

とあることによって判明する。ただ誰が岩村に攻めてきたのかなど詳しくはわからない。衰亡した大円寺を再興するため、可児郡御嵩町の愚渓寺から、妙心寺派の明叔慶浚が招かれた。妙心寺派は南浦紹明を派祖とする大応派の一分派には相違ないが、林下《りんか》とされて大円寺のような官寺に住職としては入寺できない。しかし、室町幕府が衰退した天文年間では、将軍の公帖なしで、領主の遠山氏の許可のみで入寺することも可能となったのであろう。

略法系図

南浦紹明——峰翁祖一——大虫全岑——月庵宗光（大明寺）——大有理有——笑堂常訢（大安寺）——無為義端（大安寺二世）

┌滅宗宗興
└宗峰妙超――関山慧玄（妙心寺）――授翁宗弼――無因宗因――日峰宗舜（瑞泉寺）――義天玄承

【希庵玄密《きあんげんみつ》と大円寺の廃亡】

希庵は明叔の法嗣で、天文二十一年（一五五二）の明叔示寂をうけて大円寺中興二世となった。二十年後の元亀三年（一五七二）十一月二十六日に寺の近くで武田信玄の兵に殺され、寺は放火されて廃寺となった。創建以来それまで二百年を経ており、岩村城主遠山景任の死去と同じ年のことであった。

2　開山峰翁祖一

峰翁は、相模国の人で、一説に北条高時の子という。永仁六年（一二九八）に二十四歳で出家し、三年を経て、正安二年（一三〇〇）二十六歳で下野国那須の雲岩寺へ行って高峰顕日《こうほうけんにち》に参じ、また筑前国太宰府の崇福寺《そうふくじ》で南浦紹明の室に入り、左右に侍すこと六年、三十歳の峰翁は重病にかかった。南浦との問答で大悟するとともに、病も一瞬のうちに癒《い》えたという。大悟した時、峰翁は次のような一偈を詠じたという。

　大暁禅師投機
一蹈々飜曠劫眼《いっとうとうほんこうごうのめ》、馿腮馬面眼皮穿《ろばのあごうまのつらめはかわをうかつ》、清風明月法王法、不識斯時向孰伝、
（愚渓寺本「明叔録」）

その後、峰翁は南浦の法を嗣ぎ、間もなくの延慶元年（一三〇八）、峰翁三十四歳の時に南浦が亡くなった。そして峰翁は太宰府崇福寺の三世になったという。福岡県岡垣町の海蔵寺にも住山したと伝えられる。南北朝時代を迎えて、暦応元年（一三三八）には、弟子の大虫全岑に頼まれて頂相に自賛している。頂相は現存せず、その賛のみが伝え

られている。

真影自賛

空断毘盧、発開万戸、入水如龍、倚山似虎、撃石火間、逼塞今古、閃電光中、定奪旗鼓、鬼面神頭、西天東土、

末後一句、付岑蔵主、暦応壬午臘月八日、先住崇福峰翁祖一、

（「峰翁和尚語録」末尾）

伝承などによれば、暦応元年（延元三年〔一三三八〕）に美濃国の大禅寺へ峰翁が住山したという。

また、暦応二年（一三三九）に峰翁が三河国渥美郡老津《おいつ》の真言宗太平寺を改宗して第一祖となったという。興国四年（一三四三）には、美濃国で大通寺・吉祥寺に住山したという。これらの寺々を私は調査したが、確実な史料は得られなかった。貞和年間（一三四五～五〇）には、峰翁が伊予国大通寺の開山になったという。松山市北条の大通寺には南北朝時代の峰翁の木像がある。

「峰翁和尚語録」によって大円寺の住山を十二年間とみると、貞和三年（一三四七）頃大円寺へ住山し、その開山となったようである。住山四年目の観応三年（一三五二）には、信道上人に黙翁との道号を授け、次のような頌をのこしている。

孤立大方堪結舌、貧生遂日心如拙、人間天上無知音、笑殺清風与明月、

右賦黙翁号与信道上人、

観応第三十月　日　大円叟（朱印）

（妙興寺文書）

住山十年目の文和四年（一三五五）頃の三月、大円寺を出て某所の大宝寺へ入寺し、翌文和五年大宝寺で上堂の語をのこし、三月に大円寺へ帰った（「峰翁和尚語録」）。

そして同年（延文元年〔一三五六〕）十月二十四日を期して尾張国妙興寺へ住山した。語録に、

尾州長島山妙興報恩禅寺語録

侍者　宗光編

師延文元年丙申十月二十四日入寺

（本文略）

とある。妙興寺を開いた法弟の滅宗宗興《めっしゅうそうこう》に請われての入寺で、妙興寺開山の称号を付与された。妙興寺での峰翁の塔院は耕雲庵である。峰翁の妙興住山は短期間であったらしく、入寺法語には、南浦紹明の年忌（十二月二十九日）の香語、歳旦の語などがみえるので、年明けには大円寺に戻ったのであろう。一年後の延文三年三月に示寂した。八十四歳という。中興二世の希庵玄密は天文二十二年頃に峰翁の二百年忌法要を行っている（後述）。

3　第二世以後の世代

【大虫全岑】

生国・俗姓は不詳というが、得居衛『北条市の文化財』（風早歴史文化研究会、一九八六年）の大虫椅像解説では宋の人とある。峰翁門下の嫡嗣であったようである。前述のように、早くも暦応元年（一三三八）に峰翁の頂相に自賛をしてもらっているので、嫡嗣と見てもよいように思われる。そして伊予国に宗昌寺・大通寺を開創した。大通寺の開山は峰翁になっているが、実質的には大虫が開いたということになろう。文和二年（一三五三）六月に、大虫は宗昌寺で宗昌寺家訓を書いており。この頃は伊予国で活動していたとみられる。そして延文三年（一三五八）に峰翁が亡くなったのをうけて、嫡嗣である大虫が大円寺に住山した可能性がある。

『北条市の文化財』では、大虫は貞治元年（一三六二）七月十九日に但馬国の大明寺で示寂したとある。三年忌の貞治三年に、宗昌寺では木造椅像と石造宝篋印塔が造立されたというが、大虫の椅像の頭部内刳《うちぐ》りに「康安二年（一三六二）…」の朱書がある（同書）。玉村竹二『五山禅僧伝記集成』（講談社、一九八三年）では応永十八年（一四一一）七月十九日示寂とあるが誤りだろう。永徳二年（一三八二）に月庵の尽力で大証禅師と勅謚された。寿八十八歳であった。

【玉林宗璨】

『岩村町史』は南浦から月庵に至る法系図を掲げ、玉林に「大円寺二世」と注記している。玉村竹二『五山禅僧伝記集成』は月庵宗光の条で、延文三年（一三五八）に玉林が大円寺に嗣住したとする。玉林は筑前国の崇福寺二十二世に挙げられており、南堂宗薫（十三世）よりも後の住山である。崇福寺は暦応四年（一三四一）に十刹の第三に挙げられているので、玉林もしかるべき諸山に住山したのち崇福寺へ入寺したのであろう。

玉林は応安五年（一三七二）に五山版「大応国師語録」を編纂出版した五人の内に、

前崇福寺住持法孫比丘宗璨同助、

という名で見えている（『岩村町史』）。この時すでに崇福寺住山を果していたことを知る。鎌倉・松が岡文庫の『月庵和尚語録』に、大興開山玉林和尚と題する一詩がみえるが、因幡国の大興寺開山は心王なので、玉林は伊予国の大興寺にいたのであろうか。

【心王】

この人は、玉村竹二『五山禅林宗派図』の大応派の条に、峰翁祖一の法嗣として、進叟・大虫の次に大興心王として挙げられている。しかし大興は因幡国の大興寺のことで、心王の道号ではないと思われる。『日本仏教人名辞典』（法蔵館）でも、心王については、因幡大興寺の初祖となり、宗興寺を開いたとあるのみである。『岩村町史』は心王性守としているが、『五山禅林宗派図』では定庵性守を挙げて、峰翁の法嗣であるものの別人になっている。

『月庵和尚語録』上に、大興寺開山心王和尚の十三回忌拈香語が収められ、大明寺の月庵が某年六月一日に、その十三回忌に当って香語を述べたとある。これだけではどこの大興寺かわからないが、文を読み進むと、「一旦縁を因州に契って…」とあるので、因幡国の大興寺と判明する。月庵は康応元年（一三八九）に示寂しており、それから十三年前というと、応安の頃（一三六八〜七五）の六月一日に心王は示寂したとみられる。峰翁の法嗣なので、大虫に続いて大円寺へ住山したのであろう。

【定庵性守ほか】

この人については妙興寺二世に挙げられているものの、伊予国に大興寺を創建したこと以外不明である。同じく峰翁の法嗣である的伝宗渭・梵才□俊・鈍庵□剣・雪心玄可・徳岩保誉についてもよくわからない。ただ峰翁示寂後、これら法嗣たちの輪番制のような形で大円寺住持を継承していったものと思われる。

【月庵宗光】

月庵は、嘉暦元年（一三二六）四月八日に京都で生まれた。のち父母の出身地の美濃へ帰り、幼くして岩村の大円寺で峰翁祖一に入門し、峰翁から宗光との諱を授けられたという。前述のように峰翁の大円寺入寺は月庵二十二歳の貞和三年（一三四七）頃のことなので、大円寺での入門ではなかったかもしれない。峰翁は暦応元年（一三三八）、月庵十五歳の時に、京都等持寺の古先印元に参じたのち、暦応四年南禅寺の竺仙梵僊に師事した。貞和三年竺仙が鎌倉建長寺に住すると、宗光もこれに従った。竺仙の寂後、観応二年（一三五一）二十六歳になった月庵は、大円寺に戻って峰翁に師事し、文和四年（一三五五）に至って印可を得たと、玉村竹二『五山禅僧伝記集成』は述べている。

延文三年（一三五八）に峰翁が示寂するや、常陸の法雲寺（復庵宗己）、美濃大円寺（峰翁の高弟玉林宗璨）、出雲雲樹寺（孤峰覚明）、山城龍翔寺、伊予宗昌寺（大虫全岑）などを遍歴し、三十六歳の時の康安元年（一三六一）に大虫から印可を与えられた。そして、貞治六年（一三六七）に至って、但馬国黒川に大明寺を開いた。月庵は伊予の最明寺（応安七年〔一三七四〕、再興と伝える）、摂津の禅昌寺（永徳元年〔一三八一〕、禅昌月庵叟書の頂相あり）、但馬円通寺（永徳三年の頂相あり）などの開山にもなっている。嘉慶二年（一三八八）に、大明寺住山中の月庵は、山名時義主催の亡父十三回忌法要で導師をつとめ、その翌年の康応元年（一三八九）三月二十三日に大明寺で示寂した。

この生涯の間に月庵も大円寺へ住山したと思われるが、その年月は確定できない。『月庵和尚語録』上に、次のような一文がある。

先師大円開山尊像　円芳首座請

此地無二、両金俗人、沽三升酒、喫、用尽自己心、笑彼佗人口、

これは、大円寺の子院の住僧であろうか円芳首座という人の求めに応じて、月庵が峰翁の頂相賛を書いたものである。恐らくこの時月庵が大円寺の住持をつとめていたものと思う。一〇人ほどの峰翁の法嗣による大円寺住山が一通り終わったあと、月庵が孫弟子としては最初に住山したのであろう。一人当り二年（三年二夏）として、峰翁示寂後二十年ほど後（永和四年〔一三七八〕）が月庵の大円入寺の目安になるだろう。

【南山□薫】

筑前崇福寺の十三世に挙げられている人に南堂宗薫がある。崇福寺歴代であるものの大応派の人ではなく、中国伝法の虎丘派霊石如芝の法嗣である。『岩村町史』はこの南堂宗薫に「大円住（祖一門人）」と注を入れている。寛永十七年版「正法山六祖伝」の養源日峰舜禅師の条では、

（日峰は）また無文を辞して、濃陽に之て、遠山大円寺の薫南山に見ゆ。

とある。無文元選は遠江の方広寺で明徳元年（一三九〇）閏三月二十二日に亡くなったので、その直前のことと思われ

る。その時の大円寺住持は南山□薫といい、南堂宗薫と相違する。南山の法系は不詳である。

【宝林清円】

『月庵和尚語録』の末尾に収録の行実は、応永十三年（一四〇六）八月に月庵法嗣の茂林興樹が書いたもので、それに「法嗣の上首は円通の理有、大円の宝林」とある。月庵第二の法嗣宝林が応永十三年頃大円寺に住山していたことがわかる。『大雲山誌稿』十三に峰翁下の法系図が見え、月庵の法嗣に、大有理有・宝林清円・禅海明灯・定林祖印・大蔭西堂・香林宗莆・茂林興樹を挙げている。そして宝林のところに、

　正誤宗派、作宝輪、住大円寺

との注があるので、宝林は宝輪というのが正しいのかもしれない。また宝林の法嗣には斧山宗持が書かれている。

【進叟性勝】

『一宮市史』資料編五「妙興寺文書」に応永九年（一四〇二）の妙興寺天祥庵規式があり、三五人の僧が名を連ね、花押がある。その付箋に開山（滅宗宗興）の直弟子三五人の連判と書かれている。その中に性勝の名があり、この進叟性勝は玉村竹二『五山禅林宗派図』に峰翁祖一第一の法嗣として掲げられているが、峰翁の法弟滅宗宗興の法嗣とみられる。性勝首座は、応永十六年には峰翁の妙興寺での塔院である耕雲庵主をつとめており、応永十七年八月六日には次のような足利義持の公帖を得て大円寺へ住山した。

　美濃国大円寺住持職事、任先例可執務之状如件、

　　応永十七年八月六日　（花押）

　　　性勝首座

（『一宮市史』資料編五「妙興寺文書」）

前述したように、これによって大円寺がすでに諸山の指定を受けていたことがわかる。住山は応永十九年夏までの

二年であろう。西堂位を得た性勝は、応永二十一年に鎌倉寿福寺へ出世した。応永二十五年には再び妙興寺耕雲庵にいることが確認される。永享五年（一四三三）に進叟性勝は弟子のために遺戒を書き残し、同年五月九日に、田地一町一反を法嗣の瑞蕚祖慶侍者に譲るとの一札を「耕雲庵主性勝」の名で残している。その後も嘉吉元年（一四四一）まで妙興寺文書にその名をとどめ、同年八月三十日に示寂した。

【絶照□晃】

『五山文学新集』別巻一に「心田播禅師疏」が収められ、その諸山の部に「絶照晃首座住大円寺」の疏がみえる。その標題下の注に、

　嗣鈍庵、錦屛境致、大蔭西堂昆弟、虚堂悟処社、天河詩云、縦被微雲掩、終能永夜清之句云々、

とある。これで峰翁下の鈍庵□剣の法を嗣いだことや、月庵下の大蔭宗松と共に修行したことが知られる。また『九鼎重禅師疏』（東京大学史料編纂所蔵）にも「東山第二座絶照光《晃》公住錦屛山大円」の疏がみえるが、これからは法嗣などのことは読みとれない。玉村竹二「中世前期の美濃国に於ける禅宗の発展」（『日本禅宗史論集』下二）では、「心田播禅師疏」のほか瑞巌龍惺の「蝉闇外集」の疏の部の「同門」の項に「絶照住大円」の同門疏があるとしている。

【無言宗輷】

玉村竹二「中世前期の美濃国に於ける禅宗の発展」（前掲）の大円寺の条で無言宗輷の注一七五には、次のように書かれている。

　瑞巌龍惶の「蝉闇外集」の疏の部の「諸山」の項に「無言住大円」の諸山疏が見える。無言とは、恐らく大徳寺第二十四世の無言宗輷であろう。この人は河内金剛寺の日山の法嗣で、河内の如意山禅福寺（一に善福寺）に住した人。日山は宗峰妙超の直弟子であり、大徳派下としては傍流に属する異色の人で、五山派に接近した人とし

て、五山派の寺院への出住を遂げたものと思われる。したがって大円寺には、同じ大応派下以外の人も入住していることとなる。

【中怡西堂】

『建内記』五の嘉吉三年（一四四三）五月の条に、

六日庚申、天晴…

大円寺中怡西堂入来、同香厳院幷鹿苑院便路云々、

とある。そして「中怡西堂」に（悦林）との注が付してある。著者は中怡西堂を夢窓派の人とみているようである。大円寺歴代がほとんど大応派の人で占められている中で、事実なら十方住持制によっての入寺であったのか。他の史料の出現を待つ以外になさそうである。

夢窓派下の悦林に至る法系図を次に掲げる。

夢窓疎石――青山茲永――柏庭清祖┬悦林中怡
　　　　　　　　　　　　　　　└心田清播

【宗才首座】

『蔭涼軒日録』の寛正三年（一四六二）三月二十日の条に、

濃州大円寺宗才首座、遠州安国寺光虔首座、公文御判被遊也、

とあり、宗才首座の住持就任がわかる。この五年前の康正二年（一四五六）三月は大暁禅師峰翁の百年忌に当り、これに景南英文が和している。豊橋市の大平寺蔵『雪叟詩集』に、

大暁百年忌

虚堂托出大円鑑、仏現祖来捻是塵、照見道人真面目、遠山無限碧麟皴、景南

とある。景南は二年前の享徳三年（一四五四）に亡くなっており、景南の生存中に数年早めて百年忌法要が行われたらしい。

【了室宗縁】

『蔭涼軒日録』の寛正五年（一四六四）五月二十九日条に、

美濃国大円寺宗縁首座、…公文御判被遊也、

とある。宗才が三年の任期を終え、了室に交替したらしい。了室は応永二十一年（一四一四）生まれの五十一歳での入寺であった（逆算による）。

その後、了室は大円寺の孫末（大明寺の末寺）に当る各務原市鵜沼の大安寺へも歴住したらしく、延徳二年（一四九〇）には大安寺の子院《しいん》慈徳（院か）にいた。延徳二年夏に京都から自院へ戻り、すぐまた秋に上洛するというので、大安寺の諸徒が寺内の子院らしい蔵春軒に集って祖筵の会を設けた。そこへ『梅花無尽蔵』の著者である万里集九も招かれて、一偈を上呈した。その注に、了室は七十七歳であると万里が書いている。

【竺華】

『梅花無尽蔵』七に、「前住禅興竺華和尚祭文《さいもん》」がみえ、竺華は明応九年（一五〇〇）十二月の末に、三日間床に伏して翌正月一日に大円寺で亡くなったことなどが述べられている。この竺華はこれより前の文明年間頃には大円寺住持をつとめた人なのであろう。これ以後五山派としての大円寺関係の記録はみられず、兵火で全焼し、前述したように、天文三年（一五三四）からは妙心寺派の時代を迎えることになる。

4 中興・妙心寺派時代

【明叔慶浚《みんしゅくけいしゅん》】

明叔は、飛騨国益田《ました》郡の人で三木直頼の兄といわれている。しかし、下呂市中呂の禅昌寺蔵「明叔慶浚等諸僧法語雑録」(「明叔録」)の三木良頼幼子岩鶴公についての明叔の一文のはじめに、「余の外戚《がいせき》藤原氏三木良頼翁」とあって、兄でも良頼の妻の兄で、義兄に当るものと思われる。ただし、その俗姓や生年は不詳である。

明叔は若くして妙心寺派の龍泉派景堂玄訥《けいどうげんとつ》に師事し、永正十七年(一五二〇)の龍安寺西源院の敷地定書に、妙心寺当住玄訥とともに、「侍衣《じえ》慶浚」の名で署名している。それから八年後の大永八年(一五二八)四月には妙心寺へ入寺した。建仁寺の月舟寿桂による同門疏に、「前第一座明叔法兄禅師」とあって初住と判明する。月舟の同門疏は『続群書類従』十三上「幻雲稿」にも収められているが、年月を欠く。ただし、末尾に、

公は大心院主景堂訥を嗣ぐ、頃《この》ごろ岐陽に居す、妙心は正法山と号す、院は拈華と曰う。祖塔は洋興と曰う。

とある。また、愚渓寺本「明叔録」には、「明叔和尚正法山妙心禅寺入寺法語」があり、標題下に、

享禄二夷則十二日、愚渓寺において開堂、此の時山門境盤石、始めて疊《たたみたり》焉、

という注記がみえる。明叔は大永八年に妙心寺住持職の綸命を拝したものの、何らかの都合で入寺式が遅れ、一年三ヶ月ほど後のこの時、妙心寺での奉勅入寺式ではなく、愚渓寺で居成りの儀式に臨んだとみられる。同時にまた愚渓庵の復興も成り、愚渓寺として再出発することになった。

同じく新建成った八百津町の正宗寺では、明叔の師の景堂が享禄三年(一五三〇)の歳旦に当り偈を唱えたのに、明叔も和韻をした。この年十月頃、明叔は三木氏に招かれて南飛騨の龍源山興聖寺へ移り、これを賀して景堂が河北(木曽川の北側)の正宗寺から手紙を出し、明叔が答礼の手紙を出している。明叔は享禄四年には愚渓寺へ戻り、同年

十月、南飛騨中呂の円通寺(今の禅昌寺)へ住山した。住山が三年に及んだかどうかは確認できない。

天文三年(一五三四)六月、明叔は大円寺へ入寺した。入寺の法語が愚渓寺本「明叔録」にみえる。法語では、前住妙心現居正宗の景堂の法を嗣いだ明叔が、大檀越藤《とう》の景前公(遠山景前)の支援によって入寺したことなどを述べている。内閣文庫本「明叔録」では、天文三年六月中旬に明叔が大円寺へ入寺し、ゆえあって十日余りで弟子の悦崗に後事を託して愚渓寺へ帰ったという。大円寺住山中、明叔は瑞岭蔵主に香長、宗羊上司に仙甫との道号を与えた。

その後、明叔は大円寺(天文五年)、南飛騨の禅昌寺(天文六年)、大円寺(天文六年冬～七年秋)、禅昌寺(天文七年秋～八年春)、大円寺(天文八年夏～秋)、愚渓寺(天文八年)、禅昌寺(天文九年)、大円寺(天文十年)と、三ヶ寺を兼務往来している。

天文十年(一五四一)四月に至って、明叔は駿河の今川義元に招かれて、駿府の臨済寺へ入った。そして同年秋に明叔は甲州河内《かわうち》に至り、領主穴山信友のすすめで天輪寺に数日留まった。そして信友に法諱・剣江義鉄を付与し、「剣江」の道号頌を書いている。明叔はこの時甲州恵林寺へ入寺する途次でのことであったらしく、住山を終えた明叔は、天文十一年三月に再び臨済寺に至り、今川氏輝(臨済寺殿用山玄公)の七回忌法要で副導師をつとめた。この法要を終えて明叔は大円寺へ戻ったようで、ついで同年十二月に尾張犬山の瑞泉寺へ一年間の輪番住山をした。住山中の天文十二年五月に、訢輝《きんき》所撰の清規《じんぎ》の講義を瑞泉寺で行った。これを毎回聴講した泰秀宗韓は、二十年前に妙心寺で親しく交際したことを思い、明叔に一偈を上呈した。

同年秋に瑞泉寺を退いた明叔は、以後大円寺で長養した。天文十八年には病を得て、同年八月中旬から九月末まで下呂の湯之島で湯治をしたが、そのうちの七、八日間は近くの禅昌寺に泊った。法嗣で禅昌寺開山となった杲天《そうてん》恵紹《えしょう》の七回忌(天文十八年九月二十九日正当)を目前にして、急用のため明叔は美濃へ帰った。帰るに当り、禅昌寺後住の仁谷（明叔の法嗣）に金一緡《びん》と漢詩一偈を贈った。養生しつつ大円寺で活動していた明叔は、ついに天文二十一年八月七日に示寂した。

【希庵玄密】

大円寺中興二世となったのは、明叔の法嗣の希庵玄密である。希庵は京都の人といい、夢窓派下の月谷光岫について学び、また月谷の法兄弟である雪嶺永瑾に師事した。月谷・雪嶺ともに美濃の安国寺へ住山しているので、希庵も美濃へ来て明叔に師事するようになったのであろう。希庵は永禄七年（一五六四）に六十三歳だといっており、文亀二年（一五〇二）の生まれである。

希庵は雪嶺が示寂した天文九年（一五四〇）以後に明叔のもとに移籍したのではなく、それよりも相当前から明叔のもとで修行したのであろう。希庵が明叔から自賛頂相（愚渓寺所蔵）をもらったのは天文十六年二月のことで、この頃に明叔の法嗣と認められたとみられる。

明叔から嗣法したのは、杲天恵紹・悦崗宗怡・希庵玄密・仁谷宗腆の順と思われ、杲天は天文二年に南飛驒萩原の禅昌寺開山となって法灯を守り、天文十二年九月二十九日に示寂した。その後住は仁谷がつとめている。天文二十一年に明叔が亡くなった時、悦崗は三木氏に招かれて興聖寺に住山中で、希庵が大円寺を看ることになったらしい。天文二十一年冬に大円寺で入寺式を済ませた希庵は、翌年八月七日に明叔の一周忌法要を行った。版本の『頌文雑句』五の六〇丁に、

肝膓狼毒舌龍泉、罵倒諸方杜撰禅、贏得無□《（ママ）》、風清月白法堂前、

との偈が見え、玄怡（悦崗宗怡か）らの二四句ほどの和韻も収められている。『雪叟詩集』ではこの明叔の偈を悦崗作としている。

そして、おそらくは引き続いて天文二十二年九月二十一日に大円寺開山大暁禅師(峰翁祖一)の二百年忌を執り行った。延文三年(一三五八)三月といわれる示寂から数えて百年は、弘治三年(一五五七)三月であるが、これを四年早めたのであろう。天文二十三年六月、南飛驒の雄族、三木《みつき》大和守直頼が亡くなり、希庵も一偈をささげた。この年冬、希庵は北伊勢桑名の自坊隣松院から妙心寺へ出世した。隣松院は景川宗隆の法嗣春江紹蓓を開山とする寺で、桑名城下に在り、希庵が住山してから弘治二年(一五五六)で十五年を経たという。中世末に廃寺となり、桑名の地誌類・市史等にも全く登場しない。

妙心寺出世後の希庵は、大円寺に留ることが多く、弘治二年正月下旬には、大円寺に武田晴信(信玄)の制札を掲げてもらった(前述)。

弘治三年夏、希庵は請われて、亀年の引退をうけて妙心寺へ再住した。再住の定めによって、希庵は妙心寺に実住した。そして引き続いてか、永禄元年七月には三住中であることが確認される。続いて四住・五住をつとめ、永禄五年春までの五ヶ年ほどを妙心寺で過ごした希庵は、隣松院へ戻った。そして希庵に替わって大円寺へ住山していた悦崗のあとをうけて大円寺へ移ったが、永禄六年十二月に至って、武田信玄から恵林寺入寺の招請状が来た。希庵は、高齢でもあり(六十三歳)、翌年温かくなったら必ず恵林寺へ入ることを信玄に報じた。入寺の際の「甲州乾徳山恵林禅寺入寺法語」が、「快川希庵等語録」(東京大学所蔵)や「異本葛藤集」(同)に見える。

希庵は永禄七年十月頃には大円寺へ戻り、代わって快川紹喜が恵林寺へ再住した。希庵は大円寺で長養しつつ、隣松院にも時折訪れている。七十四歳を迎えた最晩年の希庵は、元亀三年(一五七二)十一月に、伊勢へと旅立った。岩村城は、弘治元年以来武田信玄の支配下にあったが、信長輩下の河尻秀隆らが元亀三年十月に占拠してしまった。激怒した信玄は奪回を秋山伯耆守らに命じた。守将の織田信広(信長の庶兄)が弱腰だったためであろう。十一月十四日

希庵卒去の地（希庵橋のたもと）

頃、城は簡単に落されてしまった。そして信玄は希庵を恵林寺に招いたという。

希庵はこれをきらい、十一月二十六日に僧二人を伴って伊勢へと出発した。これを知った武田兵は、一里も行かないうちに追いつき、三人を殺してしまった。その場所は希庵橋といい、遺体は村人によって一〇〇メートルほど離れた山の中腹に葬られた。今でも希庵塚と称して飯羽間《いいばま》の人々が管理している。事件が起きた時、快川は次のように飯田市の開善寺の速伝宗販に申し送っている。

謹んで啓上する。大円寺希庵和尚は、勢州発軫《はっしん》途中賊難の旨《むね》、去る九日に彷彿《ほうふつ》としてこれを聞くに、驚愕《きょうがく》に堪えず。飛脚をもって承るべきところ、十日午の時、天輪寺より御遷化の改具は一書をもって告報《こくほう》あり。寔《まこと》に宗門滅却はこの時に在り。言端語端を絶やせり。あああ、御心底推《お》してこれを察せり。それについて、長禅寺と円光院と談合せしめ、大円寺の義は、異議なく法嗣の諸和尚が住院あるの様《よう》、太守（信玄）の檀命を得られ、偏《ひとえ》に外護を頼み奉る由、穴山金吾連署をもって啓達せり。この旨、貴寺より慥《たしか》に大円寺へ仰せ達せらるべし。定めて陣下《じんか》より直に判形をもって仰せつけらるべし。もしまたこの方の返書の次に、仰せ越させるにおいては、ここより進献すべし。恐惶敬白。

臘月十二日（十二）　紹喜　快川也

進上開善寺　侍衣閣下

（「異本葛藤集」上、五八丁）

快川はこのように、大円寺が続くように信玄に頼んだので安心してほしいと述べたが、結局大円寺の再興は叶わなかった。寺は秋山伯耆守によって焼かれ、徹底的に破壊されたという。

このため、希庵の自賛頂相は伝来しておらず、江戸時代のものが下呂市金山の玉龍寺にある。記録では、「異本葛藤集」に、次のようにあるのを知るのみである。

金襴黒竹紫袈裟、伝受還陀老克家、真相元来是無相、儼然面目趙昌花、

希庵和尚肖像自賛

5　大円寺の伽藍等

【山号について】

大円寺は山号を明覚山と称したことは一般によく知られている。ところが前述の「心田播禅師疏」の諸山の部に「絶照晃首座住大円寺」疏があり、標題下の注に、

嗣鈍庵、錦屏境致、大蔭西堂昆弟、…

とあり、「九鼎重禅師疏」にも「東山第二座絶照光公住錦屏山大円」との標題があって、この頃の大円寺の山号は明

覚山ではなくて錦屛山と称したことがわかる。「峰翁和尚語録」に、月庵宗光編「濃州明覚山大円禅師語録」がみえ、開創当初は明覚山であったとみられ、途中の一時期に錦屛を山号としていたのではないかと思われるが、詳細は不明である。

【伽藍・本尊】

大円寺跡については、発掘も一部なされて井戸跡なども検出されているが、具体的な伽藍配置を確認するまでには至っていないようである。愛知県犬山市の徳授寺にある本尊は、木造玉眼の聖観音菩薩坐像で、湛慶の作と伝え、「濃州岩村大淵寺山門の本尊」との伝承がある。大淵寺は大円寺の誤伝であろう。また山門に仁王像以外の仏像を安置するかどうかもわからないが、ともかくもこのような言伝えを有している。

【十境】

愚渓寺本「明叔録」の天文三年（一五三四）六月の明叔による「明覚山大円禅寺入寺法語」の末尾に、

　無門関、十境ノ一也、

とある。また「異本葛藤集」一一丁に、

大吉書来新歳経、一香三復祝朝廷、豁開衆宝蔵厳城、山自水晶峰錦屛、

とあり、水晶山や錦屛峰も十境の内であることが判明する。同じ「異本葛藤集」上、一二丁にも、

聖代祇今逢太平、一香祝望帝王城、新年便作万年計、花自長松嶺上栄、

　長松嶺者、大円十境其の一也、希

とあり、長松嶺が十境の一つに入っていることがわかる。このあと塔頭・栽松庵のところで紹介する龍門関をあわせて、今のところ、六つを知る。このほかに、『雪叟詩集』一八丁に、

遠山截流橋頌

不進鍑兮不題柱、従来人具截流機、希庵

という一文がみえ、「乙津寺歴代偈頌」には、

通天橋　希庵

紫霓横空紋彩霞、紅虹截流跨洪波、一条活路須弥頂、日月還従脚下過、

とある。大円寺門前を流れる川に架かる截流橋について、希庵が通天橋と名づけていたのであろう。

6 塔頭

【大聖院】

『岩村町史』は、海蔵寺文書によるとして、峰翁が筑前崇福寺内に大聖庵を開基したとする。大円寺には大聖院または大聖軒が在った。内閣文庫本および愚渓寺本「明叔録」に「文叔古公首座禅師予修下火法語」があり、文中で、大聖軒宰の文叔古公座元が罹病したので葬儀を予修するといい、導師を明叔がつとめたとある。享禄五年（一五三二）八月のことで、明叔がまだ大円寺に入寺する前のことであった。文叔のあとは桂天が院主をつとめたらしく、禅昌寺本「明叔録」に、

昌々嫩桂蓋乾坤、識得西来直下孫、八十趙州行脚事、倒騎仏殿出山門、

大聖院主宰桂天堅昌蔵主　同（明叔）

とある。また、前大聖院の文叔座元七回忌法要を天文七年（一五三八）八月十七日に紹得外史が催し、明叔が導師をつとめたようである。

【栽松庵】

愚渓寺本「明叔録」の天文三年(一五三四)六月、明叔による「明覚山大円禅寺入寺法語」の末尾に、明叔が峰翁祖塔の前で諷経《ふぎん》し、一偈を述べたとある。その次に、

龍門関、十境ノ一也、栽松庵、開山隠者ノ場也、

とあり、開山塔院・大聖院とは別に峰翁の隠居していた建物を栽松庵と呼んでいたらしい。

【綱宗院】

『梅花無尽蔵』七の「前住禅興竺華和尚祭文」によれば、明応十年(一五〇一)正月一日に大円寺で亡くなった竺華《じくか》を弔うため、万里集九が二月十九日の大円寺綱宗院での四十九日忌法要に出席した。

【正法】

「異本葛藤集」に、天文三年(一五三四)明叔が明覚山正法主宰の宗羊上司に仙甫との道号を授けた一文がある。また、禅昌寺本「明叔録」に久獄禅定門悼偈がみえ、正法主宰の某僧のために悦崗宗怡が唱えたらしい。この記事の配列からみるとこ、れは永禄元年(一五五八)頃のことのように思われる。

【倚松軒《いしょうけん》】

永禄三年(一五六〇)と推定される十二月十三日、瑞泉寺当住中の岐秀と推定される人が大円寺へ宛てた手紙に、「倚松主盟へも手紙を出したいが、多忙ゆえにあなたから伝えてほしい」と言い、悦崗宗怡の瑞泉寺宛十二月十九日付けの返書がみえる(「明叔録」)。

大応派峰翁下略系図

- 南浦紹明
  - 峰翁祖一（延文三年寂　大暁禅師）
    - 大虫全岑（貞治元年寂　大証禅師）
      - 月庵宗光（康応二年寂　正続大祖禅師）
        - 茂林興樹（応永十三、月庵行実を著す）
        - 大有理有（円通寺）
          - 笑堂常訢（大安寺）
        - 香林宗蕑
        - 大蔭西堂
        - 宝林清円（大円寺）
          - 斧山宗持
      - 雪窓□諭
    - 心王（因幡大興寺）
    - 定庵性守（伊予大興寺）
    - 玉林宗璨（大円寺）
      - 松岳守貞
    - 的伝宗渭
      - 一関祖門
    - 梵才□俊
    - 鈍庵□剣
      - 絶照□晃（大円寺）
    - 雪心玄可
    - 徳岩保誉
      - 錦渓守文

妙心寺派龍泉門派略系図

- 景川宗隆
  - 春江紹蓓（隣松院開山）
  - 景堂玄訥（京都大心院　美濃正宗寺）
    - 明叔慶浚（美濃愚渓寺　美濃大円寺）
      - 杲天恵紹（飛驒禅昌寺）
      - 悦崗宗怡（美濃愚渓寺、同大円寺）
      - 希庵玄密（伊勢隣松院　大円寺）
        - 正屋宗統
        - 夾山玄璘
        - 徳庵宗誕
        - 功叔宗補（禅昌寺）
          - 玉雲宗麟
        - 才岳宗佐
          - 芳沢祖恩
        - 梅心宗銕
        - 雲叟祖運
      - 仁谷宗腆（禅昌寺）
      - 天室祖鑑
      - 文益瑞奎（丸子誓願寺）
      - 三芝等惟（愚渓寺）
      - 竺雄宗寅
      - 不聞宗聞
      - 立叔瑞建

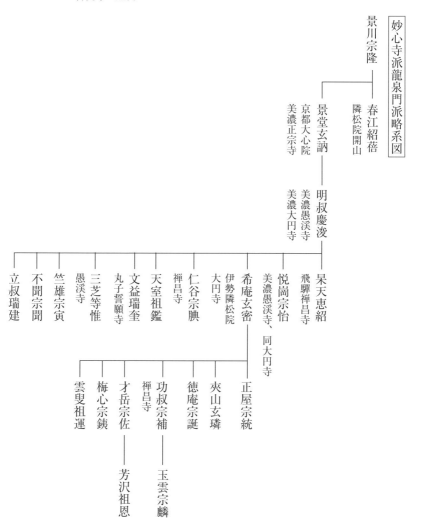

十　中世末の苗木城と苗木氏の動向

平成二年（一九九〇）十一月二十五日は、川辺町の海洋センターで、本年最後の美濃文化財研究会の例会が催される日であった。ところが、十月にオープンした中津川市の苗木遠山史料館の特別展がこの日限りであったので、私は例会を中座させてもらって、同館へ向かった。

館は中津川市内で、国道二七五号を北進、木曽川を渡って右折した所にあり、苗木城の登場口に新設・開館した。入館したあと、徒歩で城山へ登ることができるので、大変好都合といえる。暖い日であった上に、この日がオープン記念特別展「戦国の武将と中津川」の最終日でもあり、多くの人が城山へも登っていた。

私もこの城を訪れるのは初めてのことで心に描いていたよりは規模が大きく天険の要害であることを改めて認識した次第である。

1　城の縄張り

史料館から坂道を一〇〇メートルほど登ると、風呂屋口門に至り、そこから少し下り気味に尾根の中腹を行くと、二〇〇メートルほどで二の丸広場に至る。ここが南方にある木曽川へ突出した尾根の鞍部に当り、北方の尾根づたいの攻撃を断つために、左側の岩山に大矢倉（二層）を置いていた。広場から右手へ九〇度折れて独立丘の本丸へ向かうが、右手下段の居館跡は発掘で明らかにされていて、これを本丸道から一目で見下ろすことができる。二の丸からは約二〇〇メートルで、屈曲しつつ本丸主部に登る。本丸は五〇坪もあろうか。ここに居間・次の間・台所と天守が建っていたといい、天守は本丸の隅にある自然石(花崗岩)の上部に建てられていた。居間から渡り廊下で登る天守は、絵図によると一層に見える。半分岩の上に寄りかかった型式だから、本丸からみれば二層らしくみえるから、二層という説もあり、館で求めた苗木城の案内書『お城みてある記』の天守の解説では、

天守は頂上にある二つの大岩にまたがってかけ屋造りで、四間四方の二層(外見三層に見えただろう)の建物であったといわれている。

と書いている。絵図から見る限りでは、本丸からみると二層二階、岩の上からでは一層一階といった方がよいが、今後の研究で復元図などができて解明されることだろう。

以上三十分ほどの駆け歩きの見学であるが、石塁は近世中期以降の亀甲積がほとんどであり、江戸時代の泰平期でも少しずつ手が加えられて、土塁主体の中世城郭から、石塁で固めた近世城郭への脱皮が図られていたらしい。直線勾配の野面積《のづらづみ》がみられるのは、本丸天守下段の千石井戸《せんごく》から玄関口門にかけてとその他で、この積み方は、朝鮮渡来の扇勾配を有しない日本固有の積み方で、明らかに慶長十年(一六〇五)以前の古式を示している。苗木城の森氏支配時代の天正十年(一五八二)〜慶長五年の名残を留める遺構とみてよいのではないか。

2 史料館蔵文書に見える遠山左近助

史料館のなかで私の目を引いたのは、遠山左近助宛の武田信玄書状であった。この文書は七月十五日付けで年号の記載は無いものの、良質の史料でかつ私の未知見のものであった。かつて私は『稿本恵那郡史料』を発刊したことがあり(昭和四十七年)、この方面の史料にはその後も気を配っており、特にその判読を即興で行ったので、次に掲げ

る。撮影禁止のところを、館蔵文書ということで、後日のために特に撮影を許して下さった館の方々の配慮にも謝意を表したい。

急度以飛脚申候、仍益田江被出入衆候、尚以於爰者無疑心候、雖然昨日自飯富三ノ兵所如注遣者、去十三日当手之衆、至国中乱入之由候、此刻無用捨飛州へ越境、片時も可被相急候、但其方者越跡部伊賀守口上候、於半途全面尤候、御人衆者大略飛州へ可被相立事、可為本望候、恐々謹言、

七月十五日　信玄(花押)

遠山左近助殿

この文書は、館の新設に当って、某所から館蔵になったものといわれ、実にこの館の至宝ともいうべき文書である。これを読み下すと、次のようになるだろう。ただし、館員の方とは、「益田郷」「此則無用捨」などの点で読み方に相違があった。

きっと飛脚をもって申し候、よって益田へ人衆を出され候、尚もってここにおいては疑心なく候、然るといえども昨日飯富三ノ兵の所より注ぎ遣すごときは、去る十三日当手の衆、国中に至って乱入の由に候、此のみぎり用捨なく飛州へ越境、片時も相急がるべく候、但し其の方は跡郡伊賀守を越し口上候、半途において全面もっともに候、御人衆は大略飛州へ相い立てらるべき事本望たるべく候、恐々謹言

七月十五日　信玄(花押)

遠山左近助殿

つまり、武田信玄は、兵を七月十三日に美濃の恵那郡へ入れ、その兵とともに苗木遠山氏も益田郡へ至急出兵してほしいといい、一通り益田を制圧した段階で左近助にも面会したいと申し送ったのである。

ところで、益田郡には、今の下呂市萩原町を拠点とする三木直頼がいるので、益田を攻めるということは、三木氏を攻撃するということである。この頃の三木氏の動向をみてみたい。

当時の飛騨の様子は、岡村守彦氏の『飛騨史考』中世編（昭和五十四年）に詳述されているので、その一部を紹介する。

古文書から組立てられる話と、軍記物語等に語られる話の違いを見るため、まず、この時の軍記物語等の記述を紹介しておくと、『飛州千光寺記』『飛州軍乱記』『飛騨略記』等はほぼ同内容で、次のように語る。

広瀬高堂城の城主広瀬山城守宗城は、三木氏を討って飛騨国を手中にせんとして、武田に通じ、これに応えて信玄は山県昌景を先鋒として千光寺に差し向け、三木氏に背き武田方に付くよう迫ったが、千光寺はこれを拒絶し、武田軍に対抗した。しかし、三木氏は千光寺を授けず、千光寺は結局武田軍に焼き払われてしまった。武田軍は続いて三木氏を討たんとしたが、折から越後の上杉勢が川中島に出陣してきたため、急ぎ陣を払って帰国した。

『江馬家後鑑録』には次のようにある。

永禄七年飯富三郎兵衛が、翌年の信玄越中出陣のための旅宿を野尻に建て、同時に、三木氏を味方にせんと千光寺に語らうも拒絶され、これを焼き払った。これを知った三仏寺城主三木直弘は、武田勢の侵入を恐れて、自ら城を焼き益田郡に退き、三木良頼は三仏寺領を武田方たる江馬氏に渡し降参した。

以上の話を総合すれば、広瀬氏や江馬氏が武田と組んで、三木氏を討たんとした、ということになる。

（古文書の解読省略）

以上のことから、この永禄七年の時点で江馬一族は時盛と輝盛の間で分裂を起こしており、しかも、輝盛は三木良頼と好関係にあって、上杉方として良頼と共に、武田方たる時盛を一掃せんとしていたことが判明する。軍事物語の記述と、相当趣を異にしていることがわかるであろう。

そうすると、武田信玄は、北飛の江馬時盛を支援し、江尾輝盛と三木良頼を滅し、ひいては飛驒一国を武田の領国化とするために兵を入れたことが明らかになってくる。

3　三木氏の動向

三木氏と遠山左近助(直廉)とは、舞台峠で国境を接している。峠の北西側は下呂市、峠の南東側は中津川市加子母町である。萩原町中呂の禅昌寺にある「明叔録」(明叔慶浚等諸僧法語雑録)を通読しても、あるいはその他の史料によっても、天文・弘治期には両氏は良好な関係を保っていたらしく、岩村遠山氏が下呂温泉へ湯治に行ったりしている。濃飛国境線が勢力分界となって、平穏であったからこそ三木良頼は本拠地益田郡を遠く離れた北飛の江馬氏の内訌に介入できたのだとみることができる。

そこで、信玄は左近助を動かして、背後から三木氏の本拠地を攻めさせたのである。これが永禄七年(一五六四)の七月十五日のことということができる。

ところが、同年七月末になって、上杉輝虎(謙信)が信州川中島へ進出してきたので、武田信玄は急拠飛驒の兵を引きあげざるを得なくなった。

江馬輝盛は、永禄年間に入ると、江馬時盛との対立から、上杉輝虎と気脈を通じるようになっていたので、上杉輝虎の川中島出陣は、信玄の飛驒攻略を阻止しようとする軍事行動とみることもできる。信玄の飛驒からの撤兵で、三木良頼はかろうじて滅亡から逃れることができた。

（『美文会報』二七〇号、平成三年一月）

4 苗木築城の時期

苗木城は別名赤壁城とも高森城ともいう。『中津川市史』によれば、その築城時期に定説がなく三つの説があるという。

①元弘・建武の頃　遠山一雲入道または景長による「苗木物語」
②大永年中　遠山一雲入道による「苗木遠山家系図」
③天文年中説　遠山正廉「高森根元」

①については、元弘・建武の頃に、遠山安芸入道が、平地の居館から高森山に城を移し、その子遠山加藤左衛門景長をこの館に入れたとするもの。
②は、大永年中に、遠山一雲入道昌利が福岡村から苗木高森山に城を移したというもの。
③については、『中津川市史』をそのまま引用しておく。

天文年中説は、正廉（直廉か）が高森城を築きここに住んだとする「高森根元」が代表的文献である。正廉は研究の結果直廉が正しいので以後直廉とする。直廉は後に述べるが相当はっきりした人物である。したがって前述したように、遠山氏と別系の苗木城主が以前におり、その後遠山氏の血すじをもつ直廉が入って苗木城を支配した。ここに苗木遠山氏の源流を認めると天文年中説も考えられる。

このように三説あるが、大永と天文は接近しているので一時期と見ると元弘・建武頃か、大永・天文頃かの二説に要約できる。

ここに別の資料として、苗木城名のはっきりした記録があらわれるのは、今のところ飛驒萩原の禅昌寺の文書で、年号ははっきりしないが、大体天文年中と考えられる。すると、天文年中、苗木高森城があったことがわかる。これによって苗木移城は矢張り大永・天文頃ではないかと考えられる。小笠原氏の苗木支配以後苗木城の存在がはっきりする。また直廉の苗木城入りは、遠山景前が天文十一年(一五四二)笠置社に梵鐘を寄進したという記録があることから、天文十一年以降であると思われる。

このように、『中津川市史』では、結論として苗木高森山の築城は、大永・天文頃ではないかとした。そうすると、遠山一雲入道昌利による築城ということになるのであるが、昌利の生きた年代を特定すれば、大永〜天文というような漠然とした表現よりももう少し解明が進むわけである。そこで、萩原町の禅昌寺にある「明叔録」つまり『岐阜県史』史料編に収められている「明叔慶浚等諸僧法語雑録」を見てみることにする。ただし、『岐阜県史』では全文の二分の一ほどを載せているのみであるから『瑞泉寺史』別巻「妙心寺派語録」二に収録のものの方が全文を載せているので、この方によることにする。

そうすると、その中に「月堂祐心禅定尼秉炬語《ひんこのご》」と、無題であるが「月堂祐心禅定尼初七日香語」とすべきものの二文が収められていることに気づく。前者は県史に不載の語である。

双方ともに天文八年のもので、当時岩村城下の大円寺(今廃)の住持であった明叔慶浚が導師に招かれた折のものであり、はなはだ長文ではある。

この香語によれば、苗木郷に居住する昌利の妻が天文八年六月二十七日に病没した。そこで昌利は、自邸に祭壇を設け、初七日までの毎日、僧侶を招いて読経し、諸々の供物を奉じた。思えば三年前、夫婦で私に金糸の袈裟を贈ってくれた旧恩があり、私は今この月堂祐心禅定尼の成仏をひたすら願っているというのである。末尾にある「遠山無限層々碧、苗木松齢越大椿」の偈によって、昌利は遠山氏一族で苗木姓の人であることが明らかになるので、『中津川市史』などにいう苗木一雲入道昌利と同一人物とみて間違いなさそうである。一雲入道昌利というのは妙な言い廻しであるが、その法名が「一雲昌利」とみてよいのか、あるいは出雲守入道昌利の誤伝なのかは不明である。

いずれにしても遠山昌利は天文八年の時点で苗木姓を称し、しかも苗木の領主であったことが確定されることになる。なおこの香語は、『郷土史壇』の第二巻三号の「明叔語録の苗木城史料」には引用されているが、『中津川市史』には引用されていない。

次に、「月堂祐心禅定尼秉炬語」も「明叔録」に収められているが、これは葬儀(火葬)の時の引導の語で全文の掲載は省略するものの、その末尾の条に、「七十光陰転処幽、日東昇兮月西収、皈心不待秋風起、残暑假装輪輸一籌、咦」とあり、昌利夫人は七十歳ほどの年齢に達していたことがわかる。また次の句の「日東……」から推定すれば、夫人の出身は土岐郡の日東氏で、日は東に昇り、月は西に収まるという句にさりげなく織り込まれているのではないかとも思われるが、これは単なる推定にすぎない。

いずれにしても、昌利夫人が七十歳であるから、昌利もそれ以上の、当時としては高齢に属する年齢に達していたことは間違いないだろう。

仮に同年に昌利が七十歳だとすると、文明二年(一四七〇)の出生で大永元年(一五二一)には五十二歳になっており、大永年間に昌利が高森築城をしたとしても矛盾は生じない。ただし、昌利を元弘・建武の頃の人とする説は全く成り立たないことが明らかとなった。

5　相続者・苗木武景

昌利は高齢ゆえにその後間もなく没したものと推定されるが、この頃まで存命していた実子は無かったらしく、岩村遠山氏（左衛門尉景前であろう）の中子、つまり三人の男子のうちの二男を養子に迎えていたらしい。そのことは次の「月船宗光禅定門秉炬語」によって明らかになる（「妙心寺派語録」一・『岐阜県史』史料編ともに収録してある）。

二十年間住世来、剣光影裡去何之、船中不載江南物、六月梅花挿一枝、夫以、新物故月船宗光禅定門、三五年先、有少年好事風流、絶江南人也、伴国之唱（個）優、遊歴本州、又来遠山庄、留滞者有年、吾檀越遠山氏中子苗木氏武景、作少年交、画牽黄臂蒼、漁猟隣荘、夜坐月酔花、遊泳瓊筵、竟留幕下者又有年、今慈（茲）（天文二十一年）壬子春、相携遊洛下、路歴江南、則風流郷里也、後武景相留親一両旬、臨皈、勢陽海上、逢賊船死、知不知、無不返袂、矧武景哉、命庄之緇徒、調闍維之義、山僧秉炬偈、共辞云、

三途八難仮化作、衲僧門下喝粉砕、四聖六凡躰不実、活祖衆中棒無為、元来点無異、端的茶不疑、今日雨沸寒笳、何（阿）誰不慟哭、北山夜怨暁驚、昨日舞衫歌扇、挙人而視聴、西湖晴好雨奇、畢竟随境転、元来因物移、正与麼時、元是菩提涅柈、全通知恵愚痴、到這裡、青天上更無都史、黄泉下向有泥犁、任運夕陽西没、頭当（当頭）衆星北趨、咄、道个是禅定門、使相十二時底関棙子、即今転身那一句、山僧如何提持去、擲云、例騎鉄馬上須弥、

天文廿一年壬子林鐘中澣、前妙心現住大円明叔慶浚唱焉、

これによれば、苗木武景は、天文二十一年（一五五二）頃には二十歳になるかならないかの好青年であって、岩村大円寺の住持明叔慶篭この若武者に大いに期待するところがあったらしい。そこで、天文二十一年春、明叔は老骨の身ながらこの武景を京都に案内し、さらに近江路を歩いた。明叔はかつて京都の妙心寺住持をつとめたことがあり、京都の地理には明るかったこともある。明叔は近江路で武景と別れて一足先に岩村大円寺を目指したが、武景はさらに

十日ほど近江に留まり、帰途を鈴鹿峠越えで東海道筋を選んだらしい。大永年間の連歌師宗長の日記をみても、鈴鹿市付近から船で宮（熱田）か鳴海あたりに渡るルートがよく使われたらしく、武景のこの船旅のコースをとったのが運悪く、伊勢湾上で賊船にあい殺されてしまった。後日これを知った岩村遠山氏以下の関係者は、恐らく遺骸は戻らないままに、遺品をもって葬儀を執り行ったようである。

これが天文二十一年六月中旬のことであったが、その時導師をつとめた明叔もその後二ヶ月を経ずして、八月七日に急逝した。

（『美文会報』二七一号、平成三年二月）

6 再び遠山左近助直廉のこと

先に、苗木遠山史料館に所蔵される武田信玄書状を紹介した時、それが永禄七年（一五六四）七月の信玄による飛騨攻撃時のものであることは言及したとおりである。

その後直廉は、永禄十二年六月日付けで、苗木の広恵寺宛に「直廉」の名で制札を掲げていて（苗木遠山史料館所蔵）、直廉が永禄年間に活躍した人物であることは間違いない。その没年等は、苗木遠山氏系図に次のように書かれている。

直廉
美濃国恵那郡苗木城主
遠山勘太郎、左近佑、駿河守、
法名雲岳宗興大禅定門

元亀三壬申年五月十八日、於苗木卒去、
岩村遠山左衛門尉景前舎弟也、
内室信長公妹、仕信長公有勇名、尾州桶間《ママ》合戦七騎之一人也、
飛州竹原一戦勝利、被矢傷凱陣後卒去、
依無嗣子、信長公令久兵衛尉、為名跡、

これによると、元亀二年（一五七一）五月の飛驒攻めに加わり、竹原（下呂町）で矢をうけて、その傷がもとで死去したという。夫人は織田信長の妹とされる。つまり直廉夫人は織田信秀の娘であって、信秀が病床の人となる天文十八年（一五四九）以前の出生ということなのだろう。仮に天文十五年頃の出生とすれば、永禄元年十三歳頃の入輿であろうか。系図では「嗣子なし」つまり男子なしとあるが、女子はあったらしくその女子は永禄八・九年の十一月（「甲陽軍鑑」は永禄八年とあるが、一年のずれが認められるから永禄九年かもしれない）に、信長の養女という形で武田勝頼に嫁し、まもなく信勝を生んだが、産後すぐ死去した。

また直廉は岩村城主遠山左衛門尉景前の舎弟と系図にあるが、景前は天文年間に活躍して弘治元年（一五五五）七月に病没しているので、景前・直廉が兄弟ではおかしい。景前の子の左衛門尉景任の舎弟というのが正しくはないか。

そうすると、天文二十一年に若くして亡くなった武景の弟に当ることになり、武景亡きあと、その弟の直廉が苗木城主を継ぐため苗木へ来たということになるだろう。

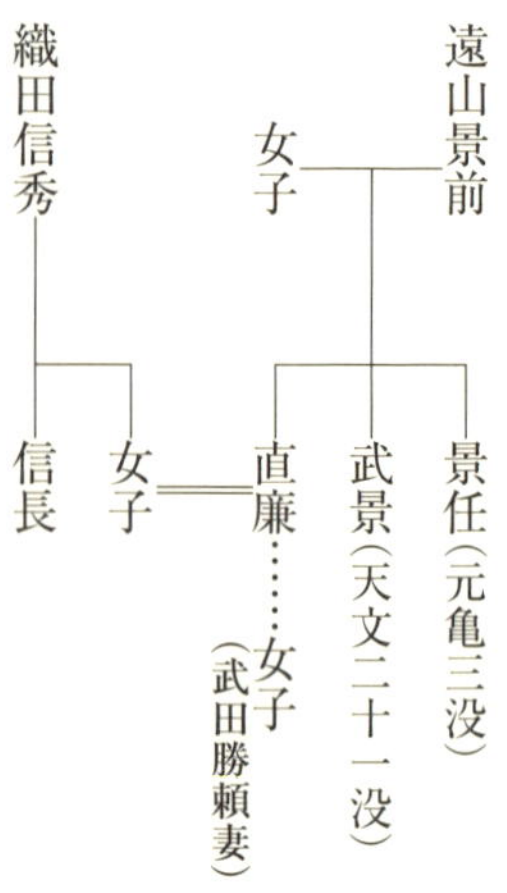

7　天文・弘治期の混乱

天文二十三年（一五五四）七月、信州の伊那谷を平定した武田晴信（信玄）は、その翌年の弘治元年（一五五五）八月から九月にかけて、早くも美濃の恵那郡へ秋山善右衛門尉らを侵攻させてきた。これは、この年と推定される九月六日付けの天野安芸守宛晴信書状に、「今度遠山進退の儀につき……」とあることで推定できる（敦賀郡古文書「布施藤太郎所蔵文書」および東京大学史料編纂所「諸家文書纂・天野文書」）。

この時の高森城（苗木城）の動向については、次の史料がある。

就高森之儀、□□□預御飛脚候、祝着仕候、諸口御吟味方相調、城中堅固之由肝要候、依尾州・井口、只今対今川方当敵之儀候、晴信駿州へ入魂之事は可有御存知候歟、若高森之城、尾州・井口へ有御渡は無曲候、其御分別尤候、猶自甘利藤三所可申候、恐々謹言、

追て御用之子細候間、以□寿美作守申上候、□□心可□□□□、

（弘治元）
九月廿六日　　晴信　花押

木曽中務大輔殿

この晴信書状は、「甲子夜話」続編に収められていて、『飛騨史壇』五巻一号によって紹介された文書である。

木曽谷の土豪木曽中務大輔義康が晴信の軍門に屈したのは、岩村城とほぼ同時期の弘治元年八月のことであった（「信濃史料」弘治元年条）。文中に「高森城を尾州と井ノ口へ御渡しあるは無曲に候」とあって、尾州と井ノ口が高森城と友好関係にあるので、木曽義康に命じて、これを妨害しようとしていることがわかる。そうすると尾州が何を指し、井ノ口が何を指すかという疑問が生じる。尾州とは織田信長で、井ノ口とは斎藤道三であるとすると、道三は弘治元年十二月に子息の義龍と義絶して井ノ口を去り鷺山城に籠り、弘治二年四月に義龍に殺された。したがって、信長が道三の娘を妻に迎えて同盟関係にあったのは弘治二年四月までということになり、この晴信書状は自然的に弘治元年九月に確定するのである。

そうすると高森城主遠山直廉への信長妹の入輿は、こうした好条件下にあった弘治元年八月以前に行われた可能性が大きい。先に、仮に天文十五年頃の出生とすれば、永禄元年頃であろうかと書いたが、信長の妹ということは、信長が生まれた天文三年以後なら何時生まれでも妹であるから、永禄元年より三年前の弘治元年でも、天文二十年代でもよいことになる。弘治元年以降入輿の方が、信玄支配下となって無理という見方もできる。

信長は弘治元年の前年に清洲城の守護代織田彦五郎を攻めて切腹させ、ここに居城を移し（瀬戸市「定光寺年代記」・「信長公記」）、一まず尾張一国の主となっていた。

（『美文会報』二七二号、平成三年三月）

織田信長は、弘治元年前後に高森（苗木）城主遠山直廉と友好関係をどのようにして成立させたかをみてみたい。

まず第一に、前述したように信長の叔母が、本家の岩村城主遠山景前夫人となっており、景前が弘治元年七月に病没する以前ならば、景前と信長との間で婚姻についての協議が簡単にできたことが挙げられる。

次に、同盟関係にある美濃の斎藤道三としては、天文二十三年七月に伊那谷を平定し、ついで木曽谷と奥三河・美濃恵那郡へ進出しようとしている武田信玄に対抗しなければならなくなっていた。岩村城主の遠山景前は病床の身で、若い景任の力量では郡内の遠山一族をまとめきれないとみた。景任はすでに妻を迎えていたとすると、弟の苗木の直廉に信長の妹を配すれば、信長と道三の二人と遠山氏の関係が格段に強化できるということになるのである。

苗木が信玄に占領された場合、北恵那から伐り出す良質の檜材が押えられて、道三の意向で自由に伐り出せなくなることも、道三にとっては痛手といえる。何よりも、信玄の美濃浸攻は、道三の失点になるから絶体に阻止したいところであったが、景前の死去によって一族の結束が乱れ、これに乗じて武田軍が侵入してしまうのである（弘治二年八月）。武田軍の指揮官秋山善右衛門（伯耆守晴近）は長らく岩村城に滞在し、景前未亡人（信長叔母）と愛人関係に陥る。のち天正三年（一五七五）十一月に岩村城が信長に攻略された時、晴近らと叔母は岐阜へ送り、晴近は磔、叔母は信長自身が切り捨てた。名刀《わざもの》であったが、どうしたものかうまく切れず、叔母はなかなか死ななかったと伝えられている（「信濃史料」・「当代記」）。

8　直廉の卒去と友政

先に述べたように、苗木遠山系図によって、元亀三年（一五七二）五月に飛騨益田郡へ出陣した直廉は、下呂町竹原で敵の矢傷がもとで五月十八日に死去したらしいことがわかる。

これより前の元亀二年は、織田信長にとって伊勢長島攻めの失敗（五月）、南近江一向一揆の平定（九月）、比叡山焼き打ち（九月）など天下平定に向けての再出発を図っていた年で、対武田信玄策を本格的に進めるゆとりは無かったものの、将来に備えての浸透作戦だけは推進していた。

如顕先書候、此表之備不相替候、然者小里儀、自隣邦依助成、既逆心露顕之様に候哉、無是非次第と於遺恨者、雖為勿論、当手前之事候之条、先寛宥之儀尤候、其上以時節成敗候者、本意眼前に候歟、委曲巳付与、万可口上候間、不能具候、恐々謹言、

七月七日　　信玄

遠山左衛門尉殿

同　左近助殿

（『恵那郡史』「武家事紀古案」）

この書状は七月七日付けだから、元亀三年五月十八日に亡くなった左近助直廉存命中のことを考慮すると元亀二年七月七日に当るとみてよいが、隣邦つまり尾張・美濃を支配する織田信長によって、瑞浪市小里町の土豪小里氏の離反事件の発生を知りうる。信玄に属していた小里氏が織田方に離反しても、他の作戦などで成敗に軍隊を派遣できないが、必ず屈伏させるといっている。

一方、苗木の西、笠木山麓の恵那市中野方《なかのほ》付近に、遠山氏の分家があったことは、次の笠木神社鐘銘によって知られる。

濃州賀茂郡笠木山大権現新寄進

本願　延友新右衛門尉藤原景延

領主　遠山左衛門尉藤原景前

天文十一稔壬寅十一月念日

（安八郡『名森村史』浄満寺旧鐘銘）

この延友新右衛門景延かあるいはその子と考えられる延友佐渡守は、信玄に服従することをよしとせず、信長と結んで信玄に抵抗していた。信長はそうした功に報いるため、土岐郡の日吉・釜戸で所領を与えている。

今度岩村之儀、無是非題目候、雖然其方事無疎略覚悟之通神妙候、仍日吾郷・釜戸本郷令扶助候、弥忠節簡要候、恐々謹言、

元亀三

十一月十五日　　信長（朱印）

延友佐渡守殿

（『大日本史料』上原準一氏文書）

このように、岩村・苗木両城の周辺にわずかながらの手がかりを有していた信長は、元亀三年五月十八日に直廉が没し、つづいて岩村城主景任が八月十四日病没して両城の士気が奮わなくなったことを知り、さらに八月上旬に降雪期を目前にして飛驒から木曽勢を引き上げさせたこと（「山村家記録」所収信玄書状および「松雲公採集遺編類纂」所収信玄・勝頼連署状）をみて、十月に岩村城を占領した。上杉謙信は越中の河田重親に宛てた元亀三年十月十八日付けの手紙で次のように述べている。

急度令馳一簡候、仍信玄濃州之内遠山号岩村認候処、城主取合敵数多討捕、敵追払候、則織田信長兄弟ニ候織田三郎五郎、河尻与兵衛、遠山岩村江人置、遠山七頭織田被入手候、遠山兄弟令病死候付、此度信玄打不慮候、結句以此次而信長遠山入手、信長成吉事候、

この岩村攻めの主将は信長の庶兄の三郎五郎信広であったらしく、副将は猿啄《さるばみ》城主（坂祝町）の河尻与兵衛秀隆である。その配下で小里内作や延友佐渡守ら地元の武将が活躍したことはいうまでもない。なお、謙信書状では遠山兄弟の景任・直廉を病死と書いている。

岩村落城に接した信玄は、即座に軍勢を派遣したことは言うまでもない。そこで家康も岩村の織田信広からの援軍要請をうけて松平左近を奥三河の武節へ急派した。

敵信州表江就罷出候、自岩村被申越候、武節へ乍御大儀早々可被相移候、不可有油断候、仍而如件、

十一月六日　　家康

松平左近殿

（『信濃史料』十三、武家事紀）

ところが、信玄軍の進出は急で、木曽衆をはじめとする信州勢によって岩村城は十一月十四日に再び奪取されてしまうのである。信広・河尻秀隆は、遠山氏の養子(城主)として岐阜から送り込まれていた信長の九男御坊丸を包囲軍に人質として差し出して降伏したという。信広はかつて天文十八年にも三河安城城を守っていて、今川義元に攻められて降伏したことがあり、そうした経歴から推定すると、あまり強い武将ではなかったようである。信長も兄のことだから、強くとがめることなく、このあと長島攻撃に当らせたが、そこで戦死した。

（『美文会報』二七五号、平成三年六月）

十一　天正期　遠山佐渡守・半左衛門父子の動向

この両名については、元亀・天正年間に東濃地方で活躍したにもかかわらず、『岩村町史』や昭和四十三年（一九六八）の『中津川市史』などに全く記述されていない。私が昭和四十七年の『稿本恵那郡史料』に数点の史料を掲げたように、天正九年（一五八一）から天正十二年の間にその名がみえており、まずここにそれを再掲する。ところで、私が『稿本恵那郡史料』を手がけてから三十七年の歳月を経過した平成二十一年（二〇〇九）の七月から八月三十日までの間、徳川美術館で「信長・秀吉・家康の合戦」と題して戦国時代の文書展があり、そこに個人蔵というこの両名にかかわる文書が展示された。これによって、両名の動向がさらに一段と明確になったので、このたび展示の関連文書の全文を掲げるとともに、幾分かの考察をすることにする。

1　『稿本恵那郡史料』掲載の文書等

①天正九年十月、牧野伝三起請文（『北設楽郡史』古代中世四三一頁。年次比定は郡史による）

　敬白、起請文前書之事、

滝川折紙之趣、聊虚言無御座候条、為其先、拙者方ヨリ以誓句申入候、弥御（味）方之儀、可被成御調候、若右之旨偽申者、此起請文之御罰可蒙者也、仍如件、

（天正九）十月十三日

奥平喜八郎殿
遠山半左衛門殿

②天正十二年三月、徳川家康書状(『譜牒余録』三、稲口十郎左衛門所蔵文書)

度々注進令祝着候、明知之模様、重得其意候、殊有夜討、敵数多被討捕之儀、無比類事共候、弥無油断稼等専要候、尚替儀候者、追々可有注進候、恐々謹言、

(天正十二)
三月廿三日　御判

遠山佐渡守殿
遠山与助殿
遠山半左衛門殿

③天正十二年三月、徳川家康判物(『徳川家康文書の研究』上、上原準一氏文書)

前々抱持之本領、不可有相違、然上者、向後守此旨、於抽忠信者、新知可宛行者也、仍如件、

天正十二年
三月廿五日　家康(花押)
遠山半左衛門尉殿

④天正十二年十月、徳川家康書状(『譜牒余録』二、稲口十郎左衛門所蔵文書)

今度於其表、昼夜之心労令察候、仍半左衛門討死之儀、無是非儀候、御心底押計候、□□次男有之由候条、弥忠儀専一ニ候、尚井伊兵部大輔可申候、恐々謹言、

(天正十二)
十月十六日　御判

遠山佐渡守殿

⑤天正十二年十月、井伊直政添状（『譜牒余録』四、松平讃岐守家臣・遠山卯兵衛所蔵文書）

返々半左衛門尉殿之儀、不及是非事とハ申ながら、御せうし（笑止）にて候、御書を被遣候ハんか、明日御馬を被納候間、御取粉之時分ニ候条、我々より申越候、（に脱）なさま分、遠州より重而申入候、其元御存分之由、先以目出度候、以上、

其表之様子、急度御注進、則披露申候、仍半左衛門尉殿討死之由驚入候、御勝事（笑止）千万ニ候、殿様（家康）一段御をしみ被成候、其方より被仰越候様、一段神妙成儀ニて候、是以御かんし被成事候、半左衛門尉殿之儀、中々不及申候、乍去定事候間、不（及欤）是非候、御弟子（茂兵衛）候之上者、少も御無沙汰被成間敷之由、被仰出候、返々右旨、我々方より相心得可申入候之由候、恐々謹言、

（天正十二）十月十七日　直政（花押）

「遠山佐渡守　□□□□（井兵部少）
御返報　□□（直政）」

⑥天正十三年十二月、徳川家康知行状（『券書藪』三、豊前小倉・小笠原家文書「諸家古文書」）

濃州之内、上村七拾五貫文・落合七拾貫文、彼別郷之事ハ、最前遠山久兵衛・明知勘左衛門遺之条、其改替可進置候也、仍如件、

天正十三年

十二月十二日　（家康朱印）

下条牛千世殿

以上が『稿本恵那郡史料』所載の文書である。以下は「信長・秀吉・家康の合戦」展で展示の文書である。

⑦天正十年十二月、羽柴秀吉他連署状写（徳川美術館展示会番号62）

今度三介様御家督仰候へハ、令馳走候哉、御報候、付而御分国諸侍不残罷出、御礼申上候、其方之儀、御油断不可然候、然ハ其元之儀、森勝蔵御取次等可申上候、被仰出候処、得其意、勝蔵異見次第尤ニ候、尚委儀、森勝可令申候、恐々謹言、

羽筑
極月廿一日（天正十） 秀吉
惟五郎左
長秀
池勝
恒興

遠山佐渡守殿
同　半左衛門殿
御宿所

⑧天正十年十二月、森長可書状（同展示会番号63）

以上

尚々佐渡殿へも、以別紙可令申候へ共、此由御意理へく候、急候条、封刻（ママ）申候、御使札畏入候、

一、今日岐阜へ押詰候事、
一、昨日加治田へ押詰、町山下相破、令放火、長沼藤次兵衛を初、能々手負死人数多在之事候、此方にも少々手
負候へ共、不苦候、於仕合可御心易事、
一、其方城ニ佐州御残候て、人数悉被召連、早々御越待申候、急候間、いかゝ申候、委細以使者口上ニ申候間、
令省略候、恐々謹言、
森勝蔵
(天正十)
十二月廿九日　長可(花押)
遠山半左衛門尉殿
御返報

⑨天正十一年五月、羽柴秀吉書状(同展示会番号64)
将亦《はたまた》にくの皮五枚到来候、祝着之至候、已上、
御状令披閲候、仍至岐阜表御在陣候つる由、御苦労令察候、随而北国表之儀、無残所申付、今日至越州北庄打入
申候、猶期来信候間、令省略候、恐々謹言、
羽筑
(天正十一)
五月三日　秀吉(花押)
遠山佐渡守殿
御返報

2 考察

このように、今回新たに⑦⑧⑨の三点の関係文書が現れた。しかも、従来知られていた文書が、天正九年(一五八一)と十二・十三年のものであり、今回の天正十・十一両年のものにより、遠山佐渡守とその嫡子半左衛門の動きと、同氏を取り巻く状況が明らかになったのである。

なお、①号文書に続いて、『北設楽郡史』には次の文書も載せられているので紹介する。

⑩天正九年十月、滝川一益書状写

至信州堺目、御取出可被仰付旨候、就其様子可申渡候之間、其元御越弥被示合、御越奉待、委曲牧伝申入候、

(天正九)
十月十三日　　一益花押

奥喜殿御宿所

①号文書がなぜ天正九年なのか、単独では判断できないが、⑩号文書によって、たしかに信州の武田方に対する作戦の一環で出されたものとわかる。しかも信長の命令を受けた滝川一益が、奥平喜八郎に指示を出し、牧野伝三成長が誓紙を書いて作戦を支援したということになろう。この時、遠山佐渡守も滝川一益の配下となって、奥三河から明知・岩村方面へ攻め入る段取りにとりかかったものとみえる。

3 延友氏の動向

さて、こうした遠山佐渡守の動きに先行して、同じ佐渡守でも延友氏が岩村方面での作戦にその名がみえている。

延友氏の初見は、天文十一年(一五四二)の旧笠木神社鐘銘である。これに延友新右衛門尉景延の名が見える(『稿本恵那郡史料』86)。その名前に景の字を用いていることからみれば、延友氏は遠山一族で、笠木山麓を本貫地としてい

たのであろう。それが弘治元年（一五五五）の武田信玄進出以来、故郷を追われて、失地を回復すべく信長に所属していたものと思う。以下三点の文書を紹介する。

⑪元亀三年十一月、織田信長書状（『大日本史料』上原準一氏所蔵、今回展示）

今度岩村之儀、無是非題目候、雖然其方事無疎略覚悟之通神妙候、仍日吉郷・釜戸本郷令扶助候、弥忠節簡要候、恐々謹言、

元亀三

十一月十五日　信長（朱印）

延友佐渡守

⑫天正元年九月、織田信忠書状（『大日本史料』上原準一氏所蔵）

岩村逆心之刻、其方忠節段、日吉・釜戸本郷、信長如朱印、知行不可有相違候、恐々謹言、

天正元

九月六日　信重（織田信忠）

延友佐渡守殿

⑬天正三年七月、織田信忠書状（『古今書札判刑之写』）

書中披見祝着候、仍此表之儀、弥属存分候、随而岩村表之事、相詰之由尤候、旁□、恐惶謹言、

（天正三）七月廿三日　信忠（花押影）

延友佐渡守殿

以上三点の文書に延友佐渡守の名がみえる。いずれも信長時代のものである。ただ、信長時代の終わりに近い天正

九年には遠山佐渡守の名がみえる。延友姓と遠山姓が重複した時期は無く、延友佐渡守が遠山佐渡守に改姓した。あるいは復姓したと考えたらいかがであろうか。

⑪⑫の延友佐渡守宛文書が上原準一氏所蔵であり、③の遠山半左衛門宛文書も上原準一氏所蔵というのも、もと同一家に伝来したことを示すものであろう。つまり、天正三年から天正九年までの間に、延友氏は遠山氏に姓を改めたのであろうと推定する。

4 遠山佐渡守の動き

本能寺の変で信長が亡くなるとともに、東濃をめぐる勢力関係は大きく変ってくる。北信濃からとって返した森武蔵守長可が一早く覇権を握る。森武蔵守長可が、本能寺の変で討死した弟の森蘭丸に代って金山城主に帰り咲き、中濃域から東濃方面を支配圏に入れていった。苗木の遠山久兵衛友政は長可の配下となり、木曽義昌は木曽谷を去って徳川家康に仕えた。

⑦号文書によって、織田信孝が家督を継いで岐阜城へ入ったことについて、分国・美濃の諸将は残らず岐阜城へ出仕したのに、遠山氏両名が出仕しないので、森長可が取り次いで意見をいうであろうと、秀吉らが両名に通知した。⑧では、佐渡守をその城(串原城か)に残し、半左衛門は岐阜へ来るべきであると、長可が説得に当っている。⑨では、天正十一年五月には佐渡守が岐阜に在陣しているとのことで、その苦労を慰めたものである。

天正十二年三月、小牧・長久手の戦いが起きると、三河に境を接する佐渡守としては、徳川家康に味方することになったようである。

②では、佐渡守らは明知城の様子を家康に知らせるとともに、明知城へ夜討ちをかけたことも報じている。③で

は、家康は佐渡守の旧領を安堵するとともに、今後の活躍によっては新知（新領地）を与えることを約束した。④で、天正十二年十月に半左衛門が討死したことと、佐渡守には二男（半左衛門の弟）があると聞いたので、さらに忠節に励んでほしいと家康が頼んでいる。⑤では、佐渡守の二男に茂兵衛があると判明する。そして、その文書の所蔵先によって、茂兵衛の家に文書が伝来し、子孫は松平讃岐守に仕えて、遠山卯兵衛という人が歴代のうちに居たことを知る。

天正十二年十一月に小牧・長久手の戦いが終わるとともに、美濃国は秀吉側の所領となったため、家康に味方していた佐渡守・茂兵衛の父子は串原城（か）を明け渡して三河国へ移らざるを得なくなり、これ以後、美濃との縁は切れてしまったと思われるのである。

（『美文会報』四六八号、平成二十一年九月）

遠山氏関係年表

西暦	和暦	月日	事項（出典）
一一九二	建久　三	七	頼朝征夷大将軍に就任。
一二〇三	建仁　三	九	加藤景朝、比企能員を誅す。
一二一九	連保　七	正・二八	遠山景廉出家、覚蓮と号す。
一二二一	承久　三	五	承久の乱起こる。遠山景朝、北条泰時に属す。八・三　遠山景廉死去（吾妻鏡）。
一二三五	文暦　二	八	伊豆国狩野庄の内牧郷地頭職をめぐって遠山景朝が景義と相論。
一二四七	宝治　元		遠山景朝、京都大番役となる。
一二五三	建長　五	正・三	遠山景朝、将軍の供奉に参加。
一二六一	弘長　元	八	遠山孫太郎景長の名があり（吾妻鏡）、鶴ヶ岡放生会に供奉。
一二六三	〃　三	八	将軍の上洛に従う遠山六郎景員・遠山孫太郎左衛門景長の名あり（吾妻鏡）。
一二七二	文永　九		幕府、遠山景長の手向郷地頭職を長井時秀に与う。
一三三三	元弘　三		遠山朝廉、手向郷を宛行う綸旨下賜される。
一三三六	建武　三		遠山朝廉、足利尊氏に従う。
一三三九	暦応　二	三	遠山朝廉、手向郷の半分を領す。一二　遠山朝廉、手向郷の半分、残り半分も宛行われる。

一三四〇	〃　三	二　遠山覚心譲状写(岐阜県史史料編)。
一三四七	貞和　三	手向郷をめぐって長井貞泰と遠山朝廉争論。朝廉方の景房が勝訴。
一三五一	観応　二	九　足利尊氏から遠山景明に感状(恵那郡史料)。
一三五二	〃　三	三・一　遠山景房、安房国で功賞(巻書藪)。
一三五八	延文　三	三　大円寺開山峰翁祖一寂す。
一三九〇	明徳　元	七・一七　明知遠山頼景、手向郷内で知行(巻書藪)。
一四一〇	応永一七	七・九　明知遠山景基、手向郷内で知行(岐阜県史史料編)。
一四二七	〃　三四	一二　須原定勝寺大般若経奥書、苗木郷室住正景施入(中津川市史)。
一四三八	永享一〇	三・一〇　明知遠山景次、手向郷内で知行(岐阜県史史料編)。
一四五五	康正　元	一二・二九　明知遠山景勝、手向郷内で知行(岐阜県史史料編)。
一四七三	文明　五	一一　信濃の小笠原家長・木曽家豊、東濃を攻略。
一四七九	〃　一一	遠山頼景の子　景友誕生。
一四八七	長享　元	足利将軍、江州御陣に遠山景友供奉。八・二一　遠山に三魁あり(蔭涼軒日録)。
一四九〇	延徳　二	正・二六　遠山加藤士元廉の名　(蔭涼軒日録)。
一五〇八	永正　五	一一・二八　遠山頼景、岩村城内の八幡宮造替(棟札)。
一五〇九	〃　六	明知遠山景行誕生。
一五一一	〃　八	一二・八　明知遠山景保、手向郷内で知行(古今書札判物の写)。
一五二四	大永　四	二・四　岩村の遠山景友卒す(珠玉大禅定門)。
一五三三	天文　二	八・吉辰　笠置神社鐘改鋳銘に大檀那左近佐正廉の名(安弘見伝記)。

一五三四	天文　三	**六**　明叔慶浚、大円寺入寺(明叔録)。
一五三六	〃　五	**七**　遠山景前、亡父十三回忌執行。**七・一三**　岩村城楼門に武並社鐘を吊下。
一五四二	〃　一一	**一二・二〇**　景前、笠置山大権現鐘に名を刻む。
一五四七	〃　一六	**七・四**　遠山景前の名、岡崎大樹寺文書にあり。
一五四八	〃　一七	**閏七**　伊那の坂西と遠山景前和与。
一五五〇	〃　一九	**五・二八**　高野山常慶院に「興聖寺殿前三州太守雲渓龍公大禅定門」の位牌。
一五五二	〃　二一	苗木遠山武景、伊勢海上で賊に殺される(明叔録)。
一五五三	〃　二二	**九・二一**　大円寺開山峰翁祖一二百年忌を希庵執行。
一五五五	〃　二四	木曽義康、武田信玄に降る。
一五五六	弘治　二	**正**　岩村の大円寺に武田信玄の制札を立てる(明叔録)。**三・四**　遠山景前　卒去。
一五五八	永禄　元	**五・四**　遠山景前三回忌、悦崗導師。**五・一七**　奥三河名蔵船戸橋で岩村衆と今川方が戦う。
一五六四	〃　七	**三・一三**　大井武並社再建の棟札(恵那市史)。**一〇**　希庵、甲州恵林寺へ住山して大円寺に帰着(快川希庵等語録)。
一五七〇	元亀　元	明知遠山景玄卒去。安住寺に葬る(寛政重修諸家譜)。
一五七二	〃　三	明知の遠山景行卒去。岩村の遠山景任病死。**一一・一五**　織田信長、小里内作へ手紙、延友佐渡守にも。**一一・二六**　大円寺の希庵が武田兵に殺される。**一二**　三方ヶ原の戦い、武田信玄と戦い徳川家康敗走。
一五七三	天正　元	**九・六**　延友佐渡守に日吉などを遵行。
一五七五	〃　三	**五**　長篠の戦、織田・徳川軍の勝利。**一一・一〇**　武田勢が岩村城から出て水精山へ夜討ち。逆に織田軍が岩村城を攻める。

一五八二	〃 一〇	四 森長可、金山・岩村から信濃海津城へ移る。森蘭丸、岩村城主。六 本能寺の変で森蘭丸ら討死。岩村城は森長可支配。
一五八四	〃 一二	四 小牧長久手の戦い、森長可討死。岩村城は森忠政の臣 各務兵庫が守備。戦後、明知は秀吉方となる。
一五八五	天正一三	一〇・二八 豊臣秀吉、明智三千余石を森忠政の臣・林長兵衛に与う。
一五八六	〃 一四	一一・一七 在甲の明知遠山一行、信濃境で死去(明知御陣屋・乾)
一六〇〇	慶長 五	九 関ヶ原の戦い。東軍の明知遠山利景・方景父子明知城を攻む。岩村城は西軍田丸具忠が守り開城。苗木城は西軍河尻氏が守り開城。
一六〇一	慶長 六	松平家乗、岩村城主となる。二万石。
	〃 八	八・五 明知遠山利景、美濃国恵那・土岐で六千余石を領す(寛政重修諸家譜)。
一六一四	〃 一九	二・九 松平家乗卒去。松平乗寿、岩村城主となる。五・二〇 明知遠山利景、明知で卒去。七十四歳。一一 明知遠山方景、大坂の陣に参加。
一六三三	寛永一〇	九 明知遠山長景相続。明知を領す。
一六三八	〃 一五	松平乗寿、浜松城へ。丹羽氏信入城。六・四 明知遠山方景明知で没す。
一六四六	正保 三	丹羽氏定、岩村城主となる。
一六五七	明暦 三	丹羽氏純、岩村城主となる。
一六七四	延宝 二	丹羽氏明、岩村城主となる。
一六八六	貞享 三	丹羽氏音、岩村城主となる。
一七〇二	元禄一五	丹羽氏音、越後へ。松平乗紀、小諸より入城。

一七一七	享保　二	松平乗賢、岩村城主となる。
一七四六	延享　三	松平乗薀、岩村城主となる。
一七八一	天明　元	松平乗保、岩村城主となる。
一八二六	文政　九	松平乗美、岩村城主となる。
一八四一	天保一二	松平乗喬、岩村城主となる。
一八五五	安政　二	松平乗命、岩村城主となる。
一八六九	明治　二	藩籍奉還。

著者紹介

横山 住雄（よこやま すみお）

昭和20年、岐阜県各務原市鵜沼で出生。

犬山市役所退職後、主に中世史を研究。

著書に、『稿本恵那郡史料』（昭和47年）、『織田信長の系譜』（平成５年）、『斎藤道三』（平成16年）、論文に、「信長の「岐阜」改称時期と鳴海助右衛門の動向」など多数。

中世美《み》濃《の》遠山《とおやま》氏《し》とその一族　　岩田選書◉地域の中世20

2017年（平成29年）９月　第１刷　600部発行　　定価［本体2000円＋税］

著　者　横山 住雄

発行所　有限会社岩田書院　代表：岩田　博　　http://www.iwata-shoin.co.jp

〒157-0062 東京都世田谷区南烏山4-25-6-103 電話03-3326-3757 FAX03-3326-6788

組版・印刷・製本：ぷりんてぃあ第二

ISBN978-4-86602-999-3　C3321　¥2000E

コピーOK

岩田書院 刊行案内（24）

			本体価	刊行年月
929	池田　仁子	近世金沢の医療と医家＜近世史42＞	6400	2015.09
930	野本　寛一	牛馬民俗誌＜著作集４＞	14800	2015.09
931	四国地域史	「船」からみた四国＜ブックレットH21＞	1500	2015.09
932	阪本・長谷川	熊野那智御師史料＜史料叢刊９＞	4800	2015.09
933	山崎　一司	「花祭り」の意味するもの	6800	2015.09
934	長谷川ほか	修験道史入門	2800	2015.09
935	加賀藩ネットワーク	加賀藩武家社会と学問・情報	9800	2015.10
936	橋本　裕之	儀礼と芸能の民俗誌	8400	2015.10
937	飯澤　文夫	地方史文献年鑑2014	25800	2015.10
938	首藤　善樹	修験道聖護院史要覧	11800	2015.10
939	横山　昭男	明治前期の地域経済と社会＜近代史22＞	7800	2015.10
940	柴辻　俊六	真田幸綱・昌幸・信幸・信繁	2800	2015.10
941	斉藤　　司	田中休愚「民間省要」の基礎的研究＜近世史43＞	11800	2015.10
942	黒田　基樹	北条氏房＜国衆19＞	4600	2015.11
943	鈴木　将典	戦国大名武田氏の領国支配＜戦国史14＞	8000	2015.12
944	加増　啓二	東京北東地域の中世的空間＜地域の中世16＞	3000	2015.12
945	板谷　　徹	近世琉球の王府芸能と唐・大和	9900	2016.01
946	長谷川裕子	戦国期の地域権力と惣国一揆＜中世史28＞	7900	2016.01
947	月井　　剛	戦国期地域権力と起請文＜地域の中世17＞	2200	2016.01
948	菅原　壽清	シャーマニズムとはなにか	11800	2016.02
950	荒武賢一朗	東北からみえる近世・近現代	6000	2016.02
951	佐々木美智子	「産む性」と現代社会	9500	2016.02
952	同編集委員会	幕末佐賀藩の科学技術　上	8500	2016.02
953	同編集委員会	幕末佐賀藩の科学技術　下	8500	2016.02
954	長谷川賢二	修験道組織の形成と地域社会	7000	2016.03
955	木野　主計	近代日本の歴史認識再考	7000	2016.03
956	五十川伸矢	東アジア梵鐘生産史の研究	6800	2016.03
957	神崎　直美	幕末大名夫人の知的好奇心	2700	2016.03
958	岩下　哲典	城下町と日本人の心性	7000	2016.03
959	福原・西岡他	一式造り物の民俗行事	6000	2016.04
960	福嶋・後藤他	廣澤寺伝来　小笠原流弓馬故実書＜史料叢刊10＞	14800	2016.04
961	糸賀　茂男	常陸中世武士団の史的考察	7400	2016.05
962	川勝　守生	近世日本石灰史料研究Ⅸ	7900	2016.05
963	所　理喜夫	徳川権力と中近世の地域社会	11000	2016.05
964	大豆生田稔	近江商人の酒造経営と北関東の地域社会	5800	2016.05
000	史料研究会	日本史のまめまめしい知識１＜ぶい＆ぶい新書＞	1000	2016.05
967	佐藤　久光	四国遍路の社会学	6800	2016.06
968	浜口　　尚	先住民生存捕鯨の文化人類学的研究	3000	2016.07

岩田書院 刊行案内（25）

			本体価	刊行年月
969	裏 直記	農山漁村の生業環境と祭祀習俗・他界観	12800	2016.07
970	時枝 務	山岳宗教遺跡の研究	6400	2016.07
971	橋本 章	戦国武将英雄譚の誕生	2800	2016.07
972	高岡 徹	戦国期越中の攻防＜中世史30＞	8000	2016.08
973	市村・ほか	中世港町論の射程＜港町の原像・下＞	5600	2016.08
974	小川 雄	徳川権力と海上軍事＜戦国史15＞	8000	2016.09
975	福原・植木	山・鉾・屋台行事	3000	2016.09
976	小田 悦代	呪縛・護法・阿尾奢法＜宗教民俗９＞	6000	2016.10
977	清水 邦彦	中世曹洞宗における地蔵信仰の受容	7400	2016.10
978	飯澤 文夫	地方史文献年鑑2015＜郷土史総覧19＞	25800	2016.10
979	関口 功一	東国の古代地域史	6400	2016.10
980	柴 裕之	織田氏一門＜国衆20＞	5000	2016.11
981	松崎 憲三	民俗信仰の位相	6200	2016.11
982	久下 正史	寺社縁起の形成と展開＜御影民俗22＞	8000	2016.12
983	佐藤 博信	中世東国の政治と経済＜中世東国論６＞	7400	2016.12
984	佐藤 博信	中世東国の社会と文化＜中世東国論７＞	7400	2016.12
985	大島 幸雄	平安後期散逸日記の研究＜古代史12＞	6800	2016.12
986	渡辺 尚志	藩地域の村社会と藩政＜松代藩５＞	8400	2017.11
987	小豆畑 毅	陸奥国の中世石川氏＜地域の中世18＞	3200	2017.02
988	高久 舞	芸能伝承論	8000	2017.02
989	斉藤 司	横浜吉田新田と吉田勘兵衛	3200	2017.02
990	吉岡 孝	八王子千人同心における身分越境＜近世史45＞	7200	2017.03
991	鈴木 哲雄	社会科歴史教育論	8900	2017.04
992	丹治 健蔵	近世関東の水運と商品取引 続々	3000	2017.04
993	西海 賢二	旅する民間宗教者	2600	2017.04
994	同編集委員会	近代日本製鉄･電信の起源	7400	2017.04
995	川勝 守生	近世日本石灰史料研究10	7200	2017.05
996	那須 義定	中世の下野那須氏＜地域の中世19＞	3200	2017.05
997	織豊期研究会	織豊期研究の現在	6900	2017.05
000	史料研究会	日本史のまめまめしい知識２＜ぶい＆ぶい新書＞	1000	2017.05
998	千野原靖方	出典明記 中世房総史年表	5900	2017.05
999	植木・樋口	民俗文化の伝播と変容	14800	2017.06
000	小林 清治	戦国大名伊達氏の領国支配＜著作集１＞	8800	2017.06
001	河野 昭昌	南北朝期法隆寺雑記＜史料選書５＞	3200	2017.07
002	野本 寛一	民俗誌・海山の間＜著作集５＞	19800	2017.07
003	植松 明石	沖縄新城島民俗誌	6900	2017.07
004	田中 宣一	柳田国男・伝承の「発見」	2600	2017.09
005	中野 達哉	鎌倉寺社の近世	2800	2017.09

岩田選書◎地域の中世　②③は品切

①	黒田　基樹	扇谷上杉氏と太田道灌	2800円	2004.07
④	黒田　基樹	戦国の房総と北条氏	3000円	2008.09
⑤	大塚　勲	今川氏と遠江・駿河の中世	2800円	2008.10
⑥	盛本　昌広	中世南関東の港湾都市と流通	3000円	2010.03
⑦	大西　泰正	豊臣期の宇喜多氏と宇喜多秀家	2800円	2010.04
⑧	松本　一夫	下野中世史の世界	2800円	2010.04
⑨	水谷　類	中世の神社と祭り	3000円	2010.08
⑩	江田　郁夫	中世東国の街道と武士団	2800円	2010.11
⑪	菅野　郁雄	戦国期の奥州白川氏	2200円	2011.12
⑫	黒田　基樹	古河公方と北条氏	2400円	2012.04
⑬	丸井　敬司	千葉氏と妙見信仰	3200円	2013.05
⑭	江田　郁夫	戦国大名宇都宮氏と家中	2800円	2014.02
⑮	渡邊　大門	戦国・織豊期赤松氏の権力構造	2900円	2014.10
⑯	加増　啓二	東京北東地域の中世的空間	3000円	2015.12
⑰	月井　剛	戦国期地域権力と起請文	2200円	2016.02
⑱	小豆畑　毅	陸奥国の中世石川氏	3200円	2017.02
⑲	那須　義定	中世の下野那須氏	3200円	2017.05

戦国史研究叢書　②後北条領国の地域的展開（品切）

①	黒田　基樹	戦国大名北条氏の領国支配	5900円	1995.08
③	荒川　善夫	戦国期北関東の地域権力	7600円	1997.04
④	山口　博	戦国大名北条氏文書の研究	6900円	2007.10
⑤	大久保俊昭	戦国期今川氏の領域と支配	6900円	2008.06
⑥	栗原　修	戦国期上杉・武田氏の上野支配	8400円	2010.05
⑦	渡辺　大門	戦国期赤松氏の研究	7900円	2010.05
⑧	新井　浩文	関東の戦国期領主と流通	9500円	2012.01
⑨	木村　康裕	戦国期越後上杉氏の研究	7900円	2012.04
⑩	加増　啓二	戦国期東武蔵の戦乱と信仰	8200円	2013.08
⑪	井上　恵一	後北条氏の武蔵支配と地域領主	9900円	2014.10
⑫	柴　裕之	戦国織豊期大名徳川氏の領国支配	9400円	2014.11
⑬	小林　健彦	越後上杉氏と京都雑掌	8800円	2015.05
⑭	鈴木　将典	戦国大名武田氏の領国支配	8000円	2015.11
⑮	小川　雄	徳川権力と海上軍事	8000円	2016.09